與人交陪、收放自如的

人際關係

心理學

贏家系列：40

與人交陪、收放自如的人際關係心理學

編著：嚴建興
出版者：大拓文化事業有限公司
責任編輯：林秀如
封面設計：林鈺恆

總經銷：永續圖書有限公司
劃撥帳號：18669219
地址：22103 新北市汐止區大同路三段一九十四號九樓之一
TEL （〇二）八六四七—三六六三
FAX （〇二）八六四七—三六六〇
E-mail yungjiuh@ms45.hinet.net
網址 www.foreverbooks.com.tw

法律顧問：方圓法律事務所 涂成樞律師

出版日◇二〇二一年二月

國家圖書館出版品預行編目資料

說與人交陪、收放自如的人際關係心理學 / 嚴建興編著. -- 初版. -- 新北市 : 大拓文化, 民110.02 面； 公分. -- (贏家系列 ; 40)
ISBN 978-986-411-135-0(平裝)
1.人際關係 2.應用心理學
177.3 109022244

前言

哲學家威廉姆斯說：「人性中最強烈的欲望便是希望得到他人的敬慕。」維也納著名心理學家阿爾弗雷德•阿得勒，寫過一本書，名叫《生活對你的意義》。在那本書裡，他說：「一個不關心別人，對別人不感興趣的人，他的生活必然遭受重大的阻礙和困難，同時會替別人帶來極大的損害與困擾。所有人類的失敗，都是由於這些人才發生的。」

一個人如果只關心自己，他很難成為一個被人喜歡的人。要成為受人敬重的人，必須將你的注意力從自己的身上轉到別人的身上去。如果你只是過度關心你自己，就沒有時間及精力去關心別人。別人無法從你這裡得到關心，當然也不會注意你。

伍布奇先生是一家公司的總裁，著名的銷售專家，當人們問及一個成功的銷售員該具備哪些基本條件時，伍布奇先生脫口而出：「當然是喜歡別人。還有，一個人必須瞭解自己公司的產品而且對產品有信心，工作要勤奮，善於運用積極思想。但是，最重要的是他一定要喜歡他人。」

這個故事告訴我們，受人歡迎是銷售員素質的某種表現形式，因為從某種程度上講，你在推銷產品的同時，也在「推銷」自己。將這一點擴大到人際交往的層面上來，當一個人可以真心地喜歡他人時，他一定會招人喜歡。所以，要獲得他人的喜愛，首先必須要真誠地喜歡他人。當然，這種喜歡必須是發自內心的，而非別有所圖。

如果你要別人喜歡你，請對別人表現誠摯的關切。

從現在開始，真誠、友善地去喜歡你周圍的人吧，相信，這也將會讓他們真誠、友善地喜歡你！

CONTENTS

CONTENTS

PART 2

智者謹言慎行的裝糊塗心理學

CONTENTS

PART 3 化解他人敵意的示好心理學

CONTENTS

CONTENTS

PART 4

誘使他人吐露心聲的傾聽心理學

CONTENTS

PART 5 善解人意婉轉拒絕的婉言心理學

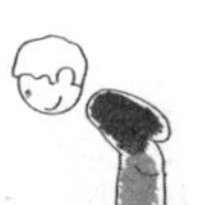

滿足他人顏面的禮儀心理學

塑造第一印象，在對方心中建立深刻印象

人無完人，所有的優點和美德不可能都集中在一個人身上，但你若具有其中某一方面或某一方面的某一點，再揚長避短，將其發揚光大，也同樣可以獲得最佳效果。日常生活中，我們都有過這樣的體驗，初次與人見面時，對方的相貌、舉止、言語、風度等某些方面會迅速地映在你的腦海中，形成最初感覺，即第一印象。第一印象主要源於人的直覺觀察，根據直覺觀察到的資訊加以綜合評判，然後以某種形式固定下來。

卡內基認為，在社交活動中，第一印象很重要。它是在沒有任何成見的基礎上，完全憑著你的「自我表現」來判斷的，因而第一印象直觀、鮮明、強烈而又牢固。如果你

的相貌俊美，舉止端莊大方，言語機智，談吐風趣幽默，風度翩翩，謙虛而不自卑，自信而不固執，倔強而不狂妄，你就會給人留下美好而難忘的印象。

第一印象的好壞，決定著社交活動能否繼續下去。第一印象好，人家就願意和你進一步來往，透過一段時間的相識與瞭解，人家覺得你的確不錯，你們的關係就會順暢發展。如果對方是你的客戶，你在事業上就多了一個合作夥伴；如果對方是你的同事，你在工作中就多了一個支持者；如果對方是你的鄰居，你在生活裡就多了一個朋友。第一印象不好，你與人家的交往便不得不就此止步了，因為人家不想再見到你。縱然你有多麼美好的動機，多麼宏偉的藍圖構想，也只能化成泡影了。

第一印象的烙印是非常深刻的，很長時間都不容易被改變。在許多回憶錄中，我們常常可以讀到這樣一段話：「他還是老樣子，像我第一次見到他的時候……」多少年以後，歷史的變化更加之歲月的滄桑，一個人怎麼會沒有變化呢？但在作者眼裡，對方還是他初次見到的模樣。事實上不是對方依然如故，而是作者腦中的第一印象太深刻了，沒有隨著時間的流逝而改變。在他人心中的第一印象塑造好了，日後才容易春風得意。

心理學補給站

第一印象直接影響著對一個人的評價。一個人的言談舉止，是構成人們對他直接評價的主要因素。許多人在初次交往時，就很快被對方所接受，或奉為事業的楷模，或尊為學業上的恩師，或敬為思想上的領袖，或求為人生的伴侶。

展現自信的風采，給對方一顆定心丸

不知道你是否注意到：無論是去應徵，還是平時與他人交往，自信的人總是比唯唯諾諾人更受歡迎。這是為什麼呢？很簡單，自信是人生重要的心理狀態和精神支柱，是一個人行為的內在動力，是自我成功的必然法寶；自信能夠使弱者變強，強者更健。我們只有相信自己，才能激發進取的勇氣，才能最大限度地挖掘自身的潛力，才能在成功的路上健步如飛。

一個下著小雨的中午，車廂裡的乘客稀稀疏疏的，在一個月台，上來了一對殘疾的父子。中年男子是個盲人，而他不到十歲的兒子也只有一隻眼睛能感光。父親在小男孩的牽引下，一步一步地摸索著走到車廂中央。當車子繼續緩緩往前開時，小男孩開口說：「各位先生、女士，你們好，我的名字叫麥蒂，接下來我唱幾首歌給大家聽。」

接著，小男孩用電子琴自彈自唱起來，電子琴音質很一般，孩子的歌聲卻有天然童音的甜美。

正如人們所預料的那樣，唱完了幾首歌曲之後，男孩走到車廂頭，開始「行乞」。但他手裡既沒有托著盤子，也沒有直接把手伸到你前面，只是走到你身邊，叫一聲「先生」或「小姐」，然後默默地站在那兒。乘客們都知道他的意思，但每一個人都裝出不明白的樣子，或者裝睡著，有的乾脆轉頭看車窗外面……

當小男孩小手空空走到車廂尾時，一位中年婦女尖聲大喊起來：「真不知怎麼搞的，紐約的乞丐這麼多，連車上都有！」

這下幾乎所有的目光都集中到這對父子身上，沒想到，小男孩竟表現出與年齡不相稱的冷靜，他一字一頓地說：「女士，你說錯了，我不是乞丐，我是在賣唱。」

車廂裡所有淡漠的目光瞬間都生動起來，有人帶頭鼓起了掌，接著是掌聲一片。

一個沒有生存能力的孩子，卻在頑強不屈地承受著生命給予他的考驗。在有人悲歎自己命運不濟的時候，小男孩卻用自己的成熟和堅強支撐著自己和一家，用自己的勞動自己的歌聲為自己贏得收入。面對別人的嘲笑，他毫無自卑之感，自信坦然地面對。面對這個小男孩，所有的自卑都變成了逃避人生的理由，只要堅持相信自己，掌聲一定屬於自己。

小澤征爾成名之前，在一次世界優秀指揮家大賽上，他發現了不和諧的聲音，覺得樂譜有錯。這時，評審們卻堅持說樂譜沒有問題。面對這些權威人士，小澤征爾斬釘截鐵地說：「不！一定是樂譜錯了！」話音剛落，評審們便報以熱烈的掌聲。原來，這正是比賽的一部分，小澤征爾的勇敢、自信征服了所有評審。

正是因為相信自己，小澤征爾才果斷地跳過了「圈套」。這次的奪魁，也正如一盞明燈，照亮了他的前程！

成功不一定站在智慧的一方，但一定會站在自信的一方。相信自己，就會擁有自己的成就與幸福。如果你真的相信自己，並且深信自己一定能實現夢想，你就一定會成功。因為你相信「我能做到」時，自然就會想出「如何去做」的方法。

一般來說，我們既可以透過用語言來表達自信，也可以透過身體姿態等來表現自信。對於前者，你可以在陳述問題時多表現得誠懇些，簡單明瞭，有重點；與人交流時可以多使用「我認為」、「我宣佈」等詞彙；有異議時，多提出建設性的批評而不是責罵或假設「應該如何」；想提出改進意見時不用勸告的語氣；以清晰、穩重、堅定的語調表達自己的思想；可以透過主動詢問的方式去發現別人的思想或情感，等等。對於後者，在與他人當面交流的時候，多以讚賞的眼光與對方接觸；坐、立姿態均堅定挺拔；以開朗的表情輔助別人的評論；平靜地講解，強調重點詞彙、不猶豫，等等。

英國劇作家、詩人莎士比亞說：「自信是走向成功的第一步，缺乏自信即是其失敗原因。」自信是一生的事情，是一個人熱愛自己並不斷完善的過程，相信自己：即便不是最好的，至少也是獨一無二的，畢竟「每個人都是自然界最偉大的奇蹟」。

心理學補給站

在他人面前展現出你自信的風采，是給對方一顆定心丸，讓對方覺得你有能力、有實力。請相信你自己，如果你不能做到心靈統一，就不可能發揮出生命的潛在力量，不發揮出潛在力量，就是自己埋沒自己。也許你並沒有意識到：在大部分時間、大多數事物中，不是別人限制你，而是你埋沒了你自己！

熟記名字，更容易抓住對方的心

有位著名作家說：「記住人家的名字，而且很輕易地叫出來。等於給別人一個巧妙而有效的讚美。因為我很早就發現，人們把自己的姓名看得驚人的重要。」

人們在日常應酬中，如果一個並不熟悉的人能叫出自己的姓名，就會產生一種親切感和知己感；相反，如果見了幾次面，對方還是叫不出你的名字，便會產生一種疏遠感、陌生感，增加雙方的心理隔閡。一位心理學家曾說：「在人們的心目中，唯有自己的姓名是最美好、最動聽的東西。」許多事實也已經證實，在公關活動中，廣記人名，有助於公關活動的展開，並助其成功。

美國的前總統羅斯福在一次宴會上，看見席間坐著許多不認識的人，他找到一個熟悉的記者，從記者那裡一一打聽清楚了那些人的姓名和基本情況，然後主動和他們接近，叫出他們的名字。當那些人知道這位平易近人、瞭解自己的人竟是著名政治家羅斯福時，大為感動。以後，這些人都成了羅斯福競選總統的支持者。

記住對方的名字，最好時而高呼出聲，這不僅是起碼的一種禮貌，更是交際場上值得推行的一個妙招。你想一想，對於輕易記住你的名字的人，我們怎不頓覺親切，彷彿雙方是老友相逢，這時，他來求我們什麼事情，我們怎好不竭盡全力予以優先惠顧呢？

在交際場上，如果第一次見面時你留給一位女孩一個良好的印象，可是第二次見面時，你卻嗯嗯啊啊地叫不出她的名字來，這位女孩心裡會不舒服，認為自己如此不具分量，她會記恨你一輩子的。那麼，即使原來想好好談談，或談生意，或談人情，這一下全變得興味索然了。叫不出對方的名字，談下去就沒戲了，因此你或許斷了一方財路，或許使一段姻緣夭折。

在對方面前，你一開口就高呼出他的名字，會讓對方為之一振，對你頓生景仰之意。就是原本不利的情勢，也往往會因為你的這一高呼而頓時「化險為夷」。

人們對自己的名字是如此重視。不少人不惜任何代價讓自己的名字永垂不朽。且看兩百年前，一些有錢人把錢送給作家們，請他們給自己著書立傳，使自己的名字留傳後世。現在，我們看到的所有教堂，都裝上彩色玻璃，變得美輪美奐，以紀念捐贈者的名字。不言而喻，一個人對他自己的名字比對世界上所有的名字加起來還要感興趣。

卡內基也是認識了這一點才成為鋼鐵大王的。小時候，他曾經抓到一窩小兔子，但是沒有東西餵牠們。他就想出了一個絕妙的主意。他對周圍的孩子們說：「你們誰能給兔子弄點吃的來，我就以你們的名字給小兔子命名。」這個方法太有效了，卡內基一直忘不了。當卡內基為了臥車生意和喬治．普爾門競爭的時候，他又想起了這個故事。

當時，卡內基的中央交通公司正跟普爾門的公司爭奪聯合太平洋鐵路公司的臥車生意。雙方互不相讓，大殺其價，使得臥車生意毫無利潤可言。後來，卡內基和普爾門都到紐約去拜訪聯合太平洋鐵路公司的董事會。有一天晚上，他們在一家飯店碰頭了。卡內基說：「晚安，普爾門先生，我們別爭了，再爭下去豈不是出自己的洋相嗎？」

「這話怎麼講？」普爾門問。

於是卡內基把自己早已考慮好的決定告訴他——把他們兩家公司合併起來。他把合作，而不是競爭的好處說得天花亂墜。普爾門注意地傾聽著，但是他沒有完全接受。最後他問：「這個新公司叫什麼呢？」

卡內基毫不猶豫地說：「當然叫普爾門皇宮臥車公司。」

普爾門的面孔一亮，馬上說：「請到我的房間來，我們討論一下。」

這次討論翻開了一頁新的工業史。

如果你不重視別人的名字，又有誰來重視你的名字呢？如果有一天你把人們的名字全忘掉了，那麼，你也很快就會被人們遺忘。

記住別人的名字。對他人來說，這是所有語言中最甜蜜、最重要的聲音。如果你想讓人羨慕，請不要忘記這條準則：「請記住別人的名字，名字對他來說，是全部詞彙中最好的詞。」

心理學補給站

熟記他人的名字吧，這會給你帶來好運，也會給你帶來人脈！

好印象，總是從「頭」開始

要想在社交中對方留下好印象，就要用心打理自己的頭髮，別讓你的髮型給對方留下「老土」的印象。

按照一般習慣，注意和打量他人，往往是從頭部開始的。而頭髮生長於頭頂，位於人體的「制高點」，所以更容易最先引起人的注意。通常情況下，打理頭髮應注意的問題有四個方面：

一、勤於梳洗

頭髮是人們臉面之中的臉面，所以應當自覺地做好日常護理。不論有無交際應酬活動，平日都要對自己的頭髮勤於梳洗，不要臨陣磨槍，更不能忽略此點，疏於對頭髮的

「管理」。通常理髮，男士應為半月左右一次，女士可根據個人情況而定，但最長不應長於一個月。洗髮，應當天天都洗。至於梳理頭髮，更應當時時不忘，見機行事。總之，頭髮一定要洗淨、理好、梳整齊。

有影響力的人如有重要的交際應酬，應於事前再進行一次洗髮、理髮、梳髮，不必拘泥於以上時限。不過務必切記，此類活動應在「幕後」操作，不可當眾「演出」。

二、髮型得體

髮型，即頭髮的整體造型。在理髮與修飾頭髮時，對此都不容迴避。選擇髮型，除個人偏好可適當兼顧外，最重要的是要考慮個人的影響力和所處場合。

1. 所處場合——在社會生活裡，人們的職業不同、身分不同、工作環境不同，髮型自然也應有所不同。總而言之，在工作場合拋頭露面的人，髮型應當傳統、莊重、保守一些；在社交場合頻頻亮相的人，髮型則應當個性、時尚、藝術一些。至於前衛、怪異的髮型，大約只有對藝術工作者才是適當的。

2. 人條件——個人條件，包括髮質、臉型、身高、胖瘦、年紀、著裝、佩飾、性格等，都影響到髮型的選擇，對此切不可掉以輕心，不聞不問。

在上述個人條件裡，臉型對髮型的選擇影響最大。選擇髮型時，一定要考慮自己的臉型特點，例如，國字臉的男士最好別理短髮，否則看上去好像一張撲克牌。Ω髮型，則主要適合鵝蛋臉的女士，頭髮的下端向外翻翹，可展示此種臉型之美。要是倒三角臉型的女士選擇了它，就不太好看了。

三、美化自然

人們在修飾頭髮時，往往會有意識地運用某些技術手段對其進行美化，這就是所謂美髮。

在通常情況下，美髮的方法有四種形式，它們分別是：

1. **燙髮**——即運用物理手段或化學手段，將頭髮做成適當形狀的方法。決定燙髮之前，先要看一下本人髮質、年齡、職業是否合適。

2. **染髮**——髮色不理想，或是頭髮變白，即可使用染髮劑令其變色。對中國人而言，將頭髮染黑不必非議，而若想將其染成其他色彩，甚至染成多色彩髮，則須三思而行。

3. **假髮**——頭髮有先天缺陷或後天缺陷者，均可選戴假髮。選擇假髮，一是要使用方便，二是要天衣無縫，不可過分俗氣。

心理學補給站

美髮不僅要美觀大方，而且要自然，不宜雕琢痕跡過重，或是不合時宜。

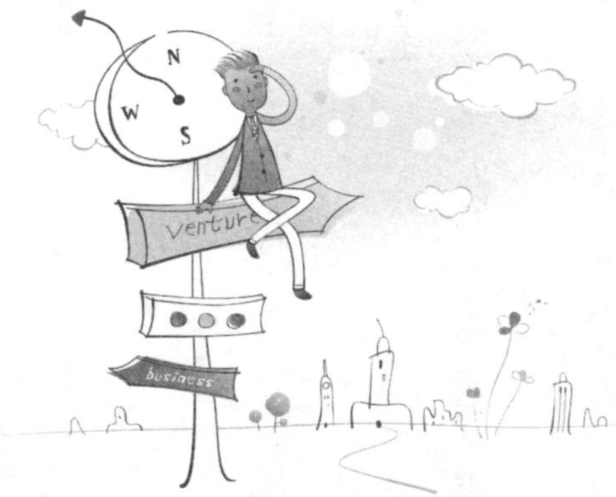

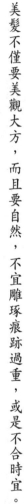

美好的外表更能打動別人

雖然我們提倡不以貌取人，但又不得不承認，有時候，美好的外表的確能夠帶來更好的生活。

我們在看到別人的第一眼時，都希望別人能夠打動自己；同樣的，我們更希望自己也能打動別人，這點對求人辦事是很重要的，如果我們能夠打動別人，那麼對方很自然地就會幫助我們。反之，如果讓別人看我們一眼就不想看第二眼，那事情很難再有指望了。

俗話說：「相由心生。」這句話的意思是說，我們的容貌是在爸媽給的基礎上自己塑造的，難怪林肯說：「一個男子四十歲後就必須為自己的臉負責了。」

人人都希望看到也希望擁有動人的容貌，從古至今都是如此。人們往往都是很重外表形象的，殊不知很多人都會下意識地把一些正面的品質加到外表漂亮的人身上，像聰明、善良、誠實、機智，等等。更有甚者，當我們做出這些判斷時，我們一點也沒有覺察到外表在這個過程中所起到的作用。這種趨勢可能導致的後果是非常令人不安的。

例如，有人曾對一九七四年加拿大聯邦政府選舉的結果進行研究，後來他們發現，外表有吸引力的候選人得到的選票是外表沒有吸引力的候選人的兩倍半。而儘管有明顯的證據表明英俊的政治家有很多優勢，一個隨後的研究卻表明投票人並沒有意識到自己的偏見。

事實上，有百分之七十三的加拿大選民都強烈否認他們的投票決定受到了外表的影響，只有百分之十四的人承認也許有這個可能性。但不管投票人怎麼抵賴外表的吸引力對選舉結果的影響，卻有源源不斷的證據表明，這種令人擔憂的傾向的確是一直存在的。

在求人辦事時，形象同樣具有重大的作用。有一個例子就很能說明問題。

在網路騰飛時代，一位英國投資商和一位電腦才子會談投資。事後，他說：「我怎麼也不能相信頭髮如乾草，說話結巴的人會向我要五百萬美元的投資，他的形象和個人素養都不能讓我信服他是一個懂得如何處理商務的領導人。」當然，談判結果就可想而知了。

心理學補給站

形象就是一種魅力，形象所產生的巨大領導力和影響力使世界上成功的巨人們無不在乎自己的形象。

衣裝得體是社交中不可忽視的

衣著本身就是一種無聲語言，不但能給對方留下一定的審美觀感，而且它還能反映出你個人的氣質、性格、內心世界。

美國商人希爾在創業之初，就意識到了服飾對人際交往與成功辦事的作用，他清楚地認識到，商業社會中，一般人是根據一個人的衣著來判斷對方的實力的，因此，他首先去拜訪裁縫。靠著往日的信用，希爾訂做了三套昂貴的西服，共花了兩百七十五美元，而當時他的口袋裡僅有不到一美元的零錢。然後他又買了一整套最好的襯衫、衣領、領帶、吊帶及內衣褲，而這時他的債務已經達到了六百七十五美元。

每天早上，他都會身穿一套全新的衣服，在同一個時間裡，同一個街道跟某位富裕的出版商「邂逅」相遇，希爾每天都和他打招呼，並偶爾聊上一兩分鐘。

這種例行性會面大約進行了一星期之後，出版商開始主動與希爾搭話，並說：「你看起來混得相當不錯。」

希爾很輕鬆地告訴出版商：「我正在籌備一份新雜誌，打算在近期內爭取出版，雜誌的名稱為《希爾的黃金定律》。」

出版商說：「我是從事雜誌印刷及發行的。也許，我也可以幫你的忙。」

這正是希爾所等候的那一刻，而當他購買這些新衣服時，他心中已想到了這一刻，以及他們所站立的這塊土地，幾乎分毫不差。

後來，這位出版商邀請希爾到他的俱樂部，和他共進午餐，在咖啡和香煙尚未送上桌前，已「說服了希爾」答應和他簽合約，由他負責印刷及發行希爾的雜誌。希爾甚至「答應」允許他提供資金並不收取任何利息。

發行《希爾的黃金定律》這本雜誌所需要的資金至少在三萬美元以上，而其中的每一分錢都是從漂亮衣服所創造的「幌子」上籌集來的。

希爾的成功很有力地證明了衣裝對一個人辦事所達到的巨大作用，如果當初他根本不注重衣裝，那麼那位出版商一定連看都不願看他，更不會幫他出版雜誌了。

世上早有「人靠衣服，馬靠鞍」之說，一個人若有一套好衣服配著，彷彿把自己的身價都提高了一個檔次，而且在心理上和氣氛上增強了自己辦事的信心。聰明的人切莫怪世人「以貌取人」。

有辦事經驗的人都知道，能否給人留下好的印象，對於事情最後是否辦成有著十分重要的作用，而一個人的著裝是給對方留下好印象的基本要素之一。試想，一個衣冠不整的人和一個裝束典雅、整潔俐落的人在其他條件差不多的情況下，去辦一件同樣分量的事，結果前者很可能受到冷落，而後者更容易得到善待。特別是到一個陌生的地方辦事，給對方留下一個美好的第一印象顯得尤為重要。

心理學補給站

人皆有眼，人皆有貌，衣貌出眾者，誰不另眼相看呢？著裝藝術不僅給人以好感，同時還直接反映出一個人的修養、氣質與情操，它往往能在尚未認識你或你的才華之前，向別人透露出你是何種人物，因此在這方面稍下一點工夫，辦起事來就會事半功倍。

「我們」常掛嘴邊，消除對方陌生感

曾經有過一位心理學家，作了一項有名的實驗，就是選編了三個小團體，並且分派三人飾演專制型、放任型、民主型的三位領導者，然後對這三個團體進行意識調查。結果，領導者飾演民主型的這個團體，表現了最強烈的同伴意識。而其中最有趣的，就是這個團體中的成員，大都使用「我們」一詞來說話。

經常聽演講的人，大概都有過這樣的經驗，就是演講者說「我這麼想……」，不如說「我們是否應該這樣」更能使你覺得和對方的距離接近。因為「我們」這個字眼，也就是要表現「你也參與其中」的意思，所以會令對方心中產生一種參與意識，按照心理學的說法，這種情形是「捲入效果」。

小孩子在玩耍時，經常會說「這是我的東西」或「我要這樣做」，這種說法是因為小孩子的自我和自己顯示欲都是直接表現所造成的。但有時在成人世界中，也會出現如此說法，而這種人不僅無法令對方有好印象，可能在人際關係方面也會受阻，甚至在自己所屬的團體中，形成被孤立的場面。

心理學補給站

人心是很微妙的，同樣是與人交談，但有的說話方式會令對方起反感，而有的說話方式卻會令對方不由自主地產生好感。人們若想把自己表現得更好，形成圓滿的人際關係，就應善加利用這種「捲入效果」。

細微動作拉近與陌生人的距離

與陌生人相處時，必須在縮短距離上下工夫，力求在短時間內瞭解得多些，縮短彼此的距離，力求在感情上融洽起來。孔子說：「道不同，不相為謀。」志同道合，才能談得攏。

我們在百貨公司買襯衫或領帶時，女店員總是會說：「我替你量一下尺寸吧！」這是因為對方要替你量尺寸時，她的身體勢必會靠近過來，有時還接近到只有情侶之間才可能的極近距離，使得被接近者的心中湧起一種興奮感。

每個人對自己身體周圍，都會有一種勢力範圍的感覺，而這種靠近身體的勢力範圍內，通常只能允許親近之人接近。如果一個人允許別人進入他的身體四周，就會有種已經承認和對方有親近關係的錯覺，這一原理對任何人來說都是相同的。

本來一對陌生的男女，只要能把手放在對方的肩膀上，心理的距離就會一下子縮短，有時瞬間就成為情侶的關係。推銷員就常用這種方法，他們經常一邊談話，一邊很自然地移動位置，跟顧客離得很近。

因此，只要你想及早造成親密關係，就應製造出自然接近對方身體的機會。

有一場籃球比賽，一位教練要訓斥一名犯了錯的球員。他首先把球員叫到跟前，緊盯著他的眼，要這位年輕小夥子注意一些問題，訓完之後，教練輕輕拍了拍球員的肩膀和屁股，把他送回到球場上。

教練這番舉動，從心理學的觀點來看，確實是深諳人心的高招：

第一，將選手叫到跟前。把對方擺在近距離前，兩人之間的個人空間縮小，相對地增加對方的緊張感與壓力。

第二，緊盯著對方的兩眼。有研究顯示，對孩子說故事時緊盯著他的眼，過後孩子能把故事牢牢記住。教練盯著球員的眼睛，要他注意，用意不外乎是使對方集中精神傾聽訓斥。否則球員眼神閃爍、心不在焉，很可能會把教練的訓示全當成耳邊風，毫不管用。

第三，輕拍球員身體，將其送回球場。實驗顯示，安排完全不相識的人碰面，見面時握了手和未曾握手，給人的感受大大不相同。握手的人給對方留下隨和、誠懇、實在、值得信賴等良好印象，而且約有半數表示希望再見到這個人。另一方面，對於只是見面而沒有肢體接觸的人，則給人冷漠、專橫、不誠實的負面評價。

正確接觸對方身體的某些部位，是傳達自己感情最貼切的溝通方式。如果教練只是責罵犯錯的球員，會給對方留下「教練冷酷無情」的不快情緒。但是一經肢體接觸之後，情形便可能大大改觀，球員也許變得很能體諒教練的心情：「教練雖然嚴厲，但終究是出於對我的一番好意！」

此外，與陌生人交談，應態度謙和，有誠意，力求在縮短距離上下工夫，力求在短時間裡瞭解得多一些。這樣，感情就會漸漸融洽起來。許多朋友，都是由「生」變「故」和由遠變近的，願大家都多結善緣，廣交朋友。善交朋友的人，會覺得四海之內皆朋友，面對任何人，都沒有陌生感。這有不少方法：

一、適時切入

看準情勢，不放過應當說話的機會，適時插入交談，適時的「自我表現」，能讓對方充分瞭解自己。

交談是雙邊活動，光瞭解對方，不讓對方瞭解自己，同樣難以深談。陌生人如能從你「切入」式的談話中獲取教益，雙方會更親近。適時切入，能把你的知識主動有效地獻給對方，實際上符合「互補」原則，奠定了「情投意合」的基礎。

二、借用媒介

尋找自己與陌生人之間的媒介物，以此找出共同語言，縮短雙方距離。如見一位陌生人手裡拿著一件什麼東西，可問：「這是什麼……看來你在這方面一定是個行家。正巧我有個問題想向你請教。」對別人的一切顯出濃厚興趣，透過媒介物引發他們表露自我，交談也能順利進行。

三、留有餘地

留些空缺讓對方介面，使對方感到雙方的心是相通的，交談是和諧的，進而縮短距離。因此，和陌生人的交談，千萬不要把話講完，把自己的觀點講死，而應是虛懷若谷，歡迎探討。不同的人、不同的心情，會有不同的需要。要想打動陌生人，就得不失時機地針對不同的需要，運用能立即奏效的心理戰術。

心理學補給站

透過對方的眼神、姿勢等來推測其當時的心思，再有效地運用，如拍肩、握手、擁抱等非語言溝通方式來傳情達意，如果你懂得運用這些技巧，便能很快地拉近與陌生人的心理距離。

運用認同術是達成共識的有效方法

在交際中尋找共同點的說話術，俗稱「套交情」，也叫「認同術」。這種認同是交際中與陌生人、朋友、尊長、上司等溝通情感的有效方式。它是要在交際雙方的經歷、興趣、追求、愛好等等方面尋找共同點，誘發共同語言，為交際創造一個良好的氛圍，進而贏得對方的支援與合作。

對待朋友，應該儘量抓準每一個機會增進交往，和朋友達成共識。你可以及時地給予對方雪中送炭式的幫助，因而拉近你和朋友的距離，使朋友對你更加忠誠。當朋友獲得成功時，及時地由衷地祝福朋友，分享朋友的喜悅，會使朋友更加快樂，並會感激你對他的祝賀。當朋友有困難時，應幫助他渡過難關，真正地表現有福同享、有難同當的精神。

如果朋友對你的某些行為流露出不滿甚至批評時，應該弄清友人不滿是什麼原因造成的。有時可能是朋友誤會了你的意思，而有時或許是由於你的粗心沒能照顧到對方的情緒，使對方產生不滿，無論何種原因，你都應該諒解朋友，坦誠地向對方解釋自己的行為，甚至賠禮道歉，以化解對方的不滿，求得對方的原諒。

與朋友交往時應多強調精神因素，淡化物質上的交往。交朋友時以對方的道德品質、脾氣和性格是否與自己的相投作為擇友標準，不要以貧富貴賤作為擇友標準。與朋友交談或來往時應強調精神上的交流，如聊一聊最近的生活感觸，互相給予鼓勵和支持等，不要一味地談錢、談物質，這樣會給對方很不好的印象。

當對方遇到物質方面的困難時，應慷慨給予對方物質幫助，不要吝嗇，這樣會使朋友覺得你是一個真正的朋友。所交的朋友一般是在年齡相仿的人之間。但如果與跟自己年齡相差很大的人交朋友，也會有意想不到的效果。老年人遇事經驗豐富，年輕人遇事熱情有衝勁，兩者的交往可以取長補短，所以社會上也不乏「忘年之交」。

人與人交往的最好結果是心與心的相通、志與志的相合、心理與心理的相容和分寸適度的距離感。無論哪方面，都應該力求達到一種「求同存異」的效果。

在現實生活中，由於每個人所處的環境不同，因此在經歷、教育程度、道德修養和性格等方面也各不相同，這些方面的差距不應成為友誼的障礙。友誼的長久維持應該是正確對待這類差距的結果。應該承認自己和朋友在對待事物方面的差距，承認這種差距，適應這種差距，雙方可以有爭論、有辯解，從爭論中尋找兩人的契合點，求同存異。在涉及精神信仰的因素中應尊重對方，在涉及認識水準的問題上應透過暗示、影響等方面使對方認識到你們之間的差距，總之，有時保持這種差距，比強迫對方或自己改變以縮短差距要可行得多。

當然，朋友之間在興趣愛好上有距離是司空見慣的事，如何才能使朋友之間的愛好協調起來呢？一般來說，朋友之間的興趣愛好是相近的，但有時又是截然不同的。在這種情況下，應該尊重彼此的興趣愛好，互相取長補短，如此不僅可以拓寬自己的知識面，還能使友誼更上一層樓。在交朋友時，應注意多結交一些與自己興趣愛好相差甚遠的朋友，這樣可以使自己見聞更廣闊，思想更活躍。

我們常說：「距離產生美感。」朋友之情再深，也沒必要天天黏在一起，因為相距越近，越容易挑剔對方的缺點和不足，忽視對方的優點和長處，長期下去會導致衝突甚至斷交。如果朋友之間保持一定的距離，可以使朋友彼此忽視缺點，而發現的是對方的優點和長處，並對對方有所牽掛，這樣友誼就易於維持下去。

心理學補給站

不管怎麼樣，對他人要善於運用認同術，著力達到「求同存異」的境界是最主要的。這樣才能維持長久的交情，經營完善自己的關係網絡。

你的笑容價值百萬

鋼鐵大王安德魯．卡內基的高級助理查理斯．史考伯說過，他的微笑值一百萬美金。這也許只是隨便說說而已，因為史考伯的性格以及他那種富有吸引力的才能，都是使他成功的原因，而在他的性格中，一個令人得到好感的因素就是他那動人的微笑。

微笑是人類寶貴的財富，是自信的標誌，也是禮貌的象徵，微笑具有震撼人心的力量，同時它會為你贏得事業上的成功。

威廉．懷拉是美國推銷人壽保險的頂尖高手，年收入高達百萬美元。他的祕訣就在於擁有一張令顧客無法抗拒的笑臉。那張迷人的笑臉並不是天生的，而是長期苦練出來的。威廉原來是全國家喻戶曉的職業棒球明星，到了四十歲因體力日衰而被迫退休，而後去應徵保險公司推銷員。

他自以為以他的知名度理應被錄取，沒想到竟被拒絕。人事經理對他說：「保險公司的推銷員必須有一張迷人的笑臉，而你卻沒有。」

聽了經理的話，威廉沒有氣餒，立志苦練笑臉。他每天在家裡放聲大笑百次。鄰居都以為他因失業而發神經了，為避免誤解，他乾脆躲在廁所裡大笑。

經過一段時間練習，他去見經理，可是經理說：「還是不行。」

威廉並不洩氣，仍舊繼續苦練。他搜集了許多公眾人物迷人的笑臉照片，貼滿屋子，以便隨時觀摩。為了每天大笑三次，他還買了一面與身體同高的大鏡子擺在廁所裡。一段時間後，他又去找經理，經理冷淡地說：「好一點了，不過還是不夠吸引人。」

威廉不服輸，回去加緊練習。有一天，他散步時碰到社區的管理員，很自然地笑著跟管理員打招呼，管理員對他說：「懷拉先生，你看起來跟過去不大一樣。」這句話使他信心大增，立刻又跑去見經理，經理對他說：「是有點味道，不過那仍然不是發自內心的笑。」

威廉不死心，又回去苦練了一段時間，終於悟出「發自內心如嬰兒般天真無邪的笑容」最迷人，並且練成了那張價值百萬美元的笑臉。

當你笑時，一定要記住，微笑要發自內心並且充滿活力。不真誠、不自然、假裝和心懷叵測的笑容，不但不會為形象增光，還會破壞原來坦然的形象。真誠的微笑，讓人能透過你的微笑看到你的真摯情感。沒有人會喜歡「皮笑肉不笑」的虛情假意，那只會讓人更討厭你。在商業發展中，微笑具有如此大的作用，尤其在服務行業，微笑更被誇張到了極致，他們認為「微笑服務」能使顧客盈門、生意興隆、招財進寶，而事實確實證明了這一點。所以會有諺語說：「一家無笑臉，不要忙開店。」

在人際交往中，微笑也同樣重要。你對別人微笑了，就代表你對他很友好。通常情況下，沒有人會拒絕對自己熱情的人，所以也會儘量對你展開笑顏。

心理學補給站

在彼此的笑容裡，你與別人的隔閡消除了，取而代之的是彼此的關心和愛護，最終大家的心靈相通，成為了好朋友。你的人脈資源從此就打開了。

站在對方的立場上傳遞溫暖

時常有些人抱怨自己不被他人理解，其實，換個角度可能別人也有同樣的感受。當我們希望獲得他人的理解，想到「他怎麼就不能站在我的角度想一想呢」時，我們也可以嘗試自己先主動站在對方的角度思考，也許會得到一種意想不到的答案。許多誤會也會迎刃而解。

在美國的一次經濟大蕭條中，百分之九十的中小企業都倒閉了，一個名叫丹娜的女人開的齒輪廠的訂單也一落千丈。丹娜為人寬厚善良，慷慨體貼，交了許多朋友，並與客戶都保持著良好的關係。在這舉步維艱的時刻，丹娜想要找那些朋友、老客戶出出主意、幫幫忙，於是就寫了很多信。可是，等信寫好後才發現：自己連買郵票的錢都沒有了！

這同時也提醒了丹娜：自己沒錢買郵票，別人的日子也好不到哪裡去，怎麼會捨得花錢買郵票給自己回信呢？可是如果沒有回信，誰又能幫助自己呢？

於是，丹娜把家裡能賣的東西都賣了，用一部分錢買了一大堆郵票，開始向外寄信，還在每封信裡附上兩美元，作為回信的郵票錢，希望大家給予指導。她的朋友和客戶收到信後，都大吃一驚，因為兩美元遠遠超過了一張郵票的價錢。每個人都被感動了，他們回想了丹娜平日的種種好處和善舉。

不久，丹娜就收到了訂單，還有朋友來信說想要給她投資，一起做點什麼。丹娜的生意很快有了起色。在這次經濟蕭條中，她是為數不多站住腳而且有所成的企業家。

溝通大師吉拉德說：「當你認為別人的感受和你自己的一樣重要時，才會出現融洽的氣氛。」我們需要多從他人的角度考慮問題，如果對方覺得自己受到重視和讚賞，就會報以合作的態度。如果我們只強調自己的感受，別人就會和你對抗。

換個角度替對方多思考一下，關係立刻就會變得緩和。生活中，請讓我們相信，每一個有壞處的人都有他值得同情和原諒的地方。

心理學補給站

一個人的過錯，常常不是他一個人所造成的，對這些人對於多一些體諒吧，從對方的角度出發，你的寬容就可以溫暖一顆失落的心，他們也會把溫暖傳遞給他人。

掌聲響起來，為對方喝彩

雖然我們一直在強調自己的事情不要受到別人情緒的影響，可是很多時候別人的鼓勵往往會讓我們更有力量，別人的譏諷和嘲笑會讓我們的內心備受傷害。所以，當別人處於困難之中的時候，我們不能只冷眼的旁觀，而應該適當的給予支援和鼓勵，讓他在精神上得到一絲慰藉。

有這樣一個關於鼓勵的故事，一個馴獸師在訓練鯨魚的跳高，在開始的時候他先把繩子放在水面下，使鯨魚不得不從繩子上方通過，鯨魚每次經過繩子上方就會得到獎勵，牠們會得到魚吃，會有人拍拍牠並和牠玩，訓練師以此對這隻鯨魚表示鼓勵。當鯨魚從繩子上方通過的次數逐漸多於從下方經過的次數時，訓練師就會把繩子提高，只不過提高的速度會很慢，不至於讓鯨魚因為過多的失敗而沮喪。訓練師慢慢地把繩子提高，一次一次地鼓勵，鯨魚也一步一步地跳得比前一次高。最後鯨魚跳過了世界紀錄。

毫無疑問，正是鼓勵的力量讓這隻鯨魚躍過了這一被載入金氏世界紀錄的高度。對一隻鯨魚如此，對於聰明的人類來說更是這樣，鼓勵、讚賞和肯定，會使一個人的潛能得到最大限度的發揮。可是事實上更多的人卻是與訓練師相反，起初就定出相當的高度，一旦達不到目標，就大聲批評。

觀眾的掌聲對一個賽場上的球隊有沒有好處？答案是肯定的。每個球隊都知道，賽場上天時、地利、人和都是非常重要的。觀眾鼓勵球隊的熱情是支持球隊打勝仗最重要的力量之一。每個球隊都承認，球迷的打氣使他們感覺自己受到了尊重，情緒激動，鬥志昂揚。

同樣的道理，在日常生活中，鼓勵也是很重要的一個因素，而且也是很有用的。在家庭裡，夫妻應該彼此鼓勵，父母與子女應該彼此鼓勵；在工作上，老闆和員工更是應該彼此鼓勵；在生活中，朋友之間也應彼此鼓勵。

亨利．漢克，是印第安那州洛威市一家卡車經銷商的服務經理，他公司有一個工人，工作愈來愈差。但亨利．漢克沒有對他吼叫，而是把他叫到辦公室裡來，跟他進行了坦誠的交談。

他說：「希爾，你是個很棒的技工。你在這裡工作也有好幾年了，你修的車子也很令顧客滿意。有很多人都稱讚你的技術好。可是最近，你完成一件工作所需的時間卻加長了，而且你的品質也比不上你以前的水準。也許我們可以一起來想個辦法解決這個問題。」

希爾回答說他並不知道他沒有盡他的職責，並且向他的上司保證，他以後一定改進。最後他也確實那樣做了。

心理學補給站

不要吝嗇自己的鼓勵！有的時候，你的一句鼓勵可能會讓對方終生受益。給同學一點鼓勵，在他考試沒考好的時候，送上一句「下次努力，你的成績一定會很好的」；在朋友遇到困難時，送上一句「你平時那麼棒，這些困難算什麼」，多給大家鼓勵。一句鼓勵的話，會給失意的人很大幫助。

智者謹言慎行的裝糊塗心理學

實際明白裝糊塗，交際場上好生存

常言道：「難得糊塗」。在交際場中，很多時候，有些事情是並不需要完全弄明白的，或者說，自己心裡明白即可，嘴上還是糊塗些好。

縱觀中國歷史，很多帝王將相，大有作為的人都是一個會裝糊塗的人。

在一次宴會上，楚莊王命令他所寵愛的美人給群臣和武士們敬酒。傍晚時分，一陣狂風把燈燭吹滅了，大廳裡一片漆黑，黑暗中不知是誰用手拽住了美人的衣袖。美人急中生智把那人帽子的帶子扯斷，然後來到楚莊王的身邊，向他哭訴被人調戲的經過，並說那個人的帽帶被扯斷，只要點上燈燭就可以查出此人是誰。

楚莊王安慰了美人幾句，便向大家高聲說：「今天喝酒定要盡興，誰的冠纓不斷，就是沒喝足酒。」群臣眾將為討好楚莊王，紛紛扯斷冠纓，喝得爛醉如泥。等點燈時，大家的冠纓都斷了，就是美人自己想查出調戲她的那個人，也無從下手了。

三年後，楚國與晉國開戰，楚軍有一位勇士一馬當先，總是衝在前頭。楚莊王很奇怪，問他為什麼如此拼命。勇士回答說：「末將該死，三年前我在宴會上酒醉失禮，大王不但不治我的罪，還為我掩蓋過失，我只有奮勇殺敵，才能報答大王。」

在這一事件中，楚莊王聽說有人調戲美人，而且他帽子的帶子已被扯斷，是可以查出誰犯了錯的。但楚莊王在這件事上採取「糊塗」的態度，故意讓大家扯斷冠纓，給犯錯的人留下了一條後路。楚莊王的寬容大度得到了應有的報償。他的這種「糊塗」其實是一種富有遠見的精明。

裝糊塗是一門高超的處世藝術、收買人心的策略，對於那些身在職場，尤其是處於管理層的人員就更要懂得運用這一方法，如員工在某一件小事情上做錯了，你就應該原諒他，包容他，給他留個面子，那麼這個員工會很感動，會對企業更忠誠。相反，如果你過分批評和懲罰員工，他們反而會為自己的過失找藉口。所以，一個成功的管理人員應該做到大事認真，小事糊塗，不與下屬斤斤計較。

其實不光是領導人，作為一個普通的員工，我們也需要適時裝糊塗，如前面所說，老闆忘記把材料放到了哪裡，我們不需要為自己辯解，裝下糊塗，就說自己記不清了，然後再重新拿一份來，不就完事大吉了嘛；有時候，同事挨了處分，面子上過不去，我們就不要去安慰，裝作不知道，反而會更好；一個問題，明明你是對的，但同事說錯了，我們不要去說破，裝裝糊塗，在同事知道了正確的答案後，心裡會比誰都清楚，無形中你們的關係也會被拉近，等等，這樣的糊塗難道我們不值得裝一裝嗎！

心理學補給站

在交際場中，我們常常會看到一些為了小利而斤斤計較的人，他們總是精於算計，可是到最後沒有獲得大的利益不說，還讓周圍的人感到厭煩。其實，很多事情並不是你善於計較就能夠成為最大的受益者的，有時候揣著明白裝糊塗才是運營的最佳手段。

會裝糊塗才是真精明

與人打交道，聰明一點是非常必要的，但是太過於表現自己的聰明就不能稱作是真聰明了。槍打出頭鳥，人有嫉妒心。所以，即使你很聰明也要學會裝糊塗，即使你很懂，也不要完全挑明，以免給別人會被你「拍在沙灘上」的恐懼。

自古至今，聰明有才的人比比皆是。和珅是有才，所以官至文華殿大學士，家財八億兩，卻因為機關算盡太聰明，到頭來「百年原是夢，卌載枉勞神」，不僅八億兩入了國庫，小命也被要了去。

聰明是一件好事，但聰明是一個帶有限定性的詞，處理不好，即會被聰明誤，所謂物極必反，任何事情都有一個限度。遊刃職場，也是如此，我們可以聰明，但一定要把握「分寸」，過了，倒楣的就是自己。

某公司來了兩個新同事，一個是研究生全孝，一個是本科生家豪。

全孝沒有什麼過人之處，相貌普通，能力平平，一個研究生連許多基本的電腦操作都不懂，讓人驚訝的程度不亞於聽說一個高中生不會寫自己的名字，於是同事常見他坐在電腦前忙忙碌碌，或者對一些簡單得不得了的問題不恥下問。但周圍的同事對他的評價還都不錯，覺得這個年輕人謙虛肯幹，踏實勤勉，一點都沒有研究生的架子。

相反，另一個大學生家豪，做事效率極高。什麼事到他手上，他只需留心看看人家的做法，便已熟知工作流程，三兩下就完成了，別人需要三天做的事他可能一天就綽綽有餘，所以在大家眼中，家豪總是無所事事，遊手好閒，晃蕩得很。

年終考評時，全孝得到大家一致好評；對家豪，很多人選擇了語氣虛虛的「也不錯」。看得出家豪聰明能幹的，對他心懷戒備，唯恐他日被「後浪」拍在沙灘上，於是都裝聾作啞，老闆賞識全孝的勤勉，也相信群眾的眼睛是「雪亮」的，卻沒想到群眾的眼睛都是「閉著」的。

人常說，傻人自有傻人福。沒錯，職場上的某些定律與自然規律是相背離的，這就要求我們不能表現的太聰明，否則就會讓「腦袋掉進腳後跟」，裡外不討好。

心理學補給站

不只是職場，商場、談判場、日常生活等等，只要是需要與他人打交道的環境中，精明過頭都不是件好事，會裝傻才是真精明。

可以看破他人的心思，但不要點破

在識人的過程中，如果被對方發現你已讀懂了他的心，那麼，你不僅會失去操控對方的機會，反而容易陷入對方的掌控之中。古代有一種明哲保身之策，就是不要知道太多，因為知道得太多會惹禍。

齊國一位名叫隰斯彌的官員，住宅正巧和齊國權貴田常的官邸相鄰。田常為人深具野心，後來欺君叛國，挾持君王，自任宰相執掌大權。隰斯彌雖然懷疑田常居心叵測，不過依然保持常態，絲毫不露聲色。

一天，隰斯彌前往田常府第進行禮節性的拜訪，以表示敬意。田常依照常禮接待他之後，破例帶他到邸中的高樓上觀賞風光。隰斯彌站在高樓上向四面眺望，東、西、北三面的景致都能夠一覽無遺，唯獨南面視線被隰斯彌院中的大樹所阻礙，於是隰斯彌明白了田常帶他上高樓的用意。隰斯彌回到家中，立刻命人砍掉那棵阻礙視線的大樹。正當工人開始砍伐大樹的時候，隰斯彌突又命令工人立刻停止砍樹。家人感覺奇怪，於是請問究竟。隰斯彌回答道：「俗話說『知淵中魚者不祥』，意思就是能看透別人的祕密，並不是好事。現在田常正在圖謀大事，就怕別人看穿他的意圖，如果我按照田常的暗示，砍掉那棵樹，只會讓田常感覺我機智過人，對我自身的安危有害而無益。不砍樹的話，他頂多對我有些埋怨，嫌我不能善解人意，但還不致招來殺身大禍，所以，我還是裝著不明白，以求保全性命。」

現代的人心透視術也正強調注意此點，不要讓對方發覺你已經知道了他的祕密，否則就完全失去了透視人心的意義。如果故意要使對方知道你能看穿他心意的話，當然就不在此限之內。

秦朝曾有一位非常能幹的宰相，名叫應侯，他擅弄權術，又極具才華。應侯曾有一塊封地汝南，在一次戰爭中被韓國奪走，秦昭襄王同情應侯，問他說：「你失去了封地是否憂愁？」

「我不憂愁。」

「為什麼呢？」

「梁國有個叫東門吳的人，他的兒子死了卻不憂愁。他的管家說：『您這樣疼愛您的兒子，天下少有，如今兒子死了，怎麼不憂愁呢？』東門吳說：『我原是無子之人，沒有兒子時，我不憂愁；現在兒子死了，就和沒生兒子一樣了，我又有什麼可憂愁的呢？』我當初是平民之子，為平民之子時不憂愁；現在失去了汝南，也和失子的梁國平民一樣，我為什麼要憂愁呢？」

秦王認為這不是心裡話，就告訴大將軍蒙傲說：「現在，我若有一個城邑被圍困，就連吃飲也不覺有香味，躺著也不能安眠。現在應侯失去了封地卻說不愁，這難道是真情話嗎？」

蒙傲說：「請讓我試探一下他的真情。」

蒙傲於是去見應侯，說道：「我想死。」

應侯說：「你說的什麼話啊？」

蒙傲說：「秦王尊您為師長，天下人所共知。如今我作為秦王的將領率領著秦兵，我原以為韓國是個小國，沒想到它竟敢違逆秦國的命令，奪走了您的封地，我活著還有什麼意思，不如死了算了。」

應侯聽後，立即向蒙傲下拜道：「這件事便全拜託給您了。」

蒙傲把應侯的話回報給秦昭襄王。從此之後，應侯每談到韓國的事情，秦王都不聽信，總認為這是他為了奪回汝南的封地所說的話。

心理學補給站

與人往來時，當自己看穿對方心意之後，千萬不要露出破綻，讓一切計劃進行得很自然，這樣才能使你的策略實行得圓滿順利。

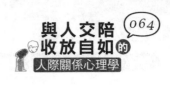

被人「誤會」時，假裝糊塗更受益

《紅樓夢》中有這樣一副對聯：「真亦假時假亦真，無為有處有還無。」意思是當你把真實的東西當做虛幻的東西來看的時候，那虛假的東西甚至比真實的東西顯得更真實；把不存在的東西說成是存在的東西時，那捏造的事實甚至比存在的事實更顯得真實；反之亦然。生活中，求人辦事時可以借用糊塗法，以假作真，借一位不相干的人的關係，辦成自己的事，難得糊塗。

小高在某單位工作五、六年了，以前交了幾個女朋友，都嫌他工作條件太差而告吹。一年前經人介紹，小高認識了現在的女朋友小薇。隨著感情升溫，兩人進入熱戀之中，商討怎樣辦婚事。然而，好事多磨，沒有房子。後來決定還是先領結婚證書，貸款買房子，一旦有了房子，馬上舉行婚禮。

小高到戶政事務所去辦證明，領結婚證書，剛好所長值班，就一邊開證明，一邊與小高閒談。看到小高姓冷，所長問道：「你這姓很少啊！」小高無心與人交談，答道：「唔。」所長接著說：「縣長也姓冷，那你和他是親戚囉。」小高又未置可否，因為他沒有心思與他閒扯，只等所長開完證明他就走。所長進一步推理說：「縣長沒有兒子，那你一定是他的侄子了。恭喜你，冷先生。」所長十分俐落地把證明開完，又熱情地把小高送了出去。

經所長之口，縣長侄子結婚的消息，在縣城很快傳播開來。

小高回到單位，主管馬上找他說：「你是冷縣長的侄子，為什麼不早說？現在的年輕人像你這樣的實在很少，不錯，不錯。」接著又說：「考慮到你一貫工作認真、負責，決定替你換一個工作，調你到局裡辦公室，調令不久就會下來，好好幹吧，前途無量啊！」

沒過多久，辦理房屋貸款審核的單位親自找到小高，說：「對不起，冷先生，我們的工作實在太忙，要房子的太多，所以沒有及早替你辦理好。我們討論、研究了很久，現在沒有很好的房子，只好讓你再等一下啦。」

「沒關係。只要你們想著這件事，我願意繼續等。」冷先生順勢說。

不久，小高有了一處寬敞漂亮的兩室一廳的房子。

縣長侄子要結婚的消息越傳越廣。小高從不借助縣長的威名吹噓自己，一時被傳為佳話，構成了小高優秀品德的一大要素。終於，小高結婚了。婚禮熱鬧非凡，各大局長官陸續光臨，送來賀禮，恭喜小高與新娘新婚幸福，白頭偕老。

參加婚禮的人都沒看到縣長大人，雖說有些遺憾，卻也能理解：縣長忙，暫時顧不上到場……於是，一些有身分、有地位的仕途驕子都懷著希望滿面紅光地走了。

小高大大沾了冷縣長的光。但他對人們傳說與縣長的叔侄關係從來沒有否認過，儘管他與冷縣長根本沒有任何關係。

假裝糊塗並不等於真糊塗，其內心是非常清醒的。從糊塗的觀點來看，這是一種很高的謀略，因為它能保全自己的利益，將事情朝著好的方面發展。

心理學補給站

日常生活中，當有些事情比較難求人辦時，也可以自己糊裡糊塗地巧妙地找個合適的人攀攀親、借借勢，事情也許會好辦得多。

不要把事情說得太白

在人際交往中，有的事不必弄得太明白，只要大家心知肚明就可以了。俗話說：看透別說透。事情說得太白，反而會傷和氣，或顯得太無聊。懂得此術，在交際中自然遊刃有餘。

一日，老江在縣上巧遇好友老劉。寒暄之後，老劉說道：「我正想去找你，恰好你來了。」

「有啥事我能幫上忙的？」老江好奇地問。

「A鎮的朱××告H鎮的周××賠償一案，你們受理的吧？」

「是啊。」

「周××是我的老鄉。他是退伍軍人，這人……」老劉說。

老江插話笑道：「你不必介紹他的政治背景了，我們又不選拔幹部。如果看政治背景，那麼，若遇上一件告賊的民事案子的話，豈不是連審判也不必進行，直接判勝訴就行了麼？」

「對對對。」老劉連連點頭。

「大凡人們總愛把犯過錯誤的人看扁，犯過錯誤的人又不敢激烈申辯自己的正確主張。你是明理之人，為他辯護即可起到維護其合法權益的作用。你說對嗎？」老江說。

「言之有理。」

一番說笑後，二人分手了。但老王與老胡之間卻沒有因此產生半點隔閡。

相反，那些事事追究到底，口無遮攔地說出心中所想的人，在很多時候往往會破壞原本融洽或是可能融洽的氣氛。

在一次會議上，張教授遇見了一位文藝評論家。互通姓名後，張教授對這位文藝評論家說：「久仰久仰，早就知道您對星宿很有研究，是位大名鼎鼎的天文學家。」評論家半天沒有反應過來，以為是張教授搞錯了，忙說：「張教授，您可真會開玩笑，我是搞文藝評論的，並不研究什麼天文現象。您是不是弄錯了。」

張教授正言答：「我怎麼是跟您開玩笑。在您發表的文章裡，我時常看到您不斷發現了什麼『著名歌星』、『舞台新星』、『歌壇巨星』、『文壇明星』等眾多的星宿，想來您一定是個非凡的天文學家。」弄得這位評論家尷尬不已，什麼也沒說，坐了一會就走了。

為人處世，雖需練就一雙「火眼金睛」，同時也要做一隻「悶嘴葫蘆」，這樣才能萬無一失。像故事中的張教授以為自己看得挺明白，於是就對人大加指責；而故事中的老江則不同，他明白「看透不說透」的道理。這兩種人在處理事情時得利的結果也自然不同了。

誰都會有出錯的時候，如果只是一味地發洩私憤、橫加批評、講刺話，總是數落對方「你怎麼這麼笨」、「你怎麼總是這樣」、「你這樣做太不應該了」等，是不太妥當的。

因此，當某人行事真有問題時，在他內心有時會有反省，覺得抱歉、恐慌、不知所措，此時如果你再批評指責他，那麼他會因為你的譴責而羞愧難過，有的甚至從此一蹶不振，無法再樹立自信。如果換種語氣，換個方式，比如「從今以後，你會做得比這次好」，或者「我想，下次你一定不會再犯這樣的錯誤了」

等諸如此類的話，對方不僅會感激你對他的信任，同時會感受到你的真誠，更重要的是有了改正錯誤的信心，對方在今後的工作、生活中，必定小心謹慎。

心理學補給站

人非聖賢，有時難免做一些不適當的事。在這種情況下，就要把握好指責他人的分寸，即使看破別人的心思也不要去點破。要保全別人的面子，這是在人性叢林中生存的法寶。因為你不去點破他人的心思，充其量是落得他人的埋怨，卻不至於引發什麼危機。

看穿是非得失，心中有數即可

雖然說人生如戲，但是真正的高人，不在戲中迷失自己。是是非非、紛紛擾擾不過是過眼雲煙，不值得掛懷。面對再多的誘惑，也知道該放棄時則放棄，在混雜中活得清楚明白。一切勢態，一切將來，都心中有數，智慧者當如是。

什麼是看穿是非，說白了就是懂得跳出來，懂得放棄。平日裡，我們的心像鐘擺一樣在得失間搖擺，懂得放棄是一種智慧。

莊子提出，人得了道就是真人，真人有真智慧。什麼叫真人？「不逆寡」，即順其自然，一切不貪求，擺脫常人貪多的通病。「不雄成」，走出自大的機械心理，得道的人不覺得自己了不起，一切的成功都是自然，看淡成敗得失。

漢代司馬相如所著《諫獵書》有云：「明者遠見於未萌，而智者避危於未形。」意思是，明理的人在事物還沒有發生之前就預見到了事情的發生，聰明的人可以在危險出現之前就已經安排好了避免危險的方法。

得失都是一樣，有得就有失，得就是失，失就是得，所以一個人到最高的境界，應該是無得無失，但是人們非常可憐，都是患得患失，未得患得，既得患失。我們的心，就像鐘擺一樣，得失、得失，就這樣擺，非常痛苦。塞翁失馬，你怎曉得是福還是禍呢？所以，我們不要把得失看得太重。中國有句古語說：「苦海無邊，回頭是岸。」偏偏有人就執迷不悟，因此，煩惱都是自找的。

超然忘我，放下得失之心，不苦苦執著於自己的得與失、喜與悲，便不會活得那麼「屈服」。有人說，人的一生之中只有三件事，一件是「自己的事」，一件是「別人的事」，一件是「老天爺的事」。

今天做什麼，今天吃什麼，開不開心，要不要助人，皆由自己決定；別人有了難題，他人故意刁難，對你的好心施以惡言，別人的事與自己無干；天氣如何，狂風暴雨，山石崩塌，人能力所不能及的事，只能是「謀事在人，成事在天」，過於煩惱，也是於事無補。人活得「屈服」，離道越來越遠，只是因為，人總是忘了自己的事，愛管別人的事，擔心老天爺的事。所以要想輕鬆自在很簡單：打理好「自己的事」，不去管「別人的事」，不操心「老天爺的事」。

遊戲人間不是玩世不恭，而是讓自己的心境輕鬆，守住做人的本分，從俗事中解脫出來，不被物質所累。

心理學補給站

生而為人，便應遵循人生的價值，為了國家、為了天下，乃至宗教所說的為了救人救世，明知道這條命要賠進去，也是十分坦然的，是「托不得已」的命之所在、義之所在。「以養中」這個「中」，即內心的道，自己修的道。誠心修道，掌握了為人處世的原則，就是真正的有道之士。

糊塗裝得要到位，別人上當也舒心

現實生活告訴我們，做事過於精明，只顧眼前利益，往往會因小失大，得不償失；糊塗一下，也許會有另外一番景象。但要注意，裝糊塗要到位，這樣才能讓人容易接受，即使上當也會感到舒心。

在某社區門口的菜市場，有兩個板豆腐攤，一個老闆是中年婦女，很精明的樣子，斤斤計較，不肯吃一點虧，少一分錢也不賣；隔著不遠，另一個是個二十多歲的小夥子，一副憨厚、樸實的樣子，他的豆腐不論斤，十元一塊，用刀拉一塊就得，而且保證比那位女老闆的十二元一斤的豆腐分量還要足得多，既誠實，又實在。更重要的是，這個小夥子憨厚得非常自然，時常說些「賺夠吃飯錢就好了」等等之類讓人們覺得有道理又輕鬆的話。

於是，人們都喜歡買小夥子的豆腐，一天能賣好多板，而那位精明的女老闆一天最多賣一板，有時還賣不掉……

案例中的小夥子憨厚樸實，吃小虧而贏大利，正是摸準了顧客不在乎那一兩塊錢，需要的是賣主的信任和親切感，因而贏得了更多的回頭客，其總體收益可想而知；而那位精明的女老闆，只顧眼前利益，不懂顧客心理，捨不得、也不會以情感人，如果她不改變方式方法的話，就可能很快從這個市場消失。可見，要想輕鬆於世，為人所接受，就需要我們學會培養自己的「糊塗」意識，把糊塗裝得到位一點。

真正到位的糊塗，不僅是一種心態、也是一種做人的智慧。既然世上許多事，分清對錯不容易，或者說根本就沒有搞清楚的必要，那麼還是難得糊塗比較明智。這也成了當今人們處理人際關係的準則和行動指南。

那麼，具體如何培養自己的糊塗意識，把糊塗裝得到位一點呢？

人活於世，不可避免地要與很多人打交道，也不可避免地發生許多不順心的事情。對這些問題，如果都認真去處理，是怎麼也處理不好的。而且，有些問題，處理後又出現新的問題，怎麼也處理不完。本來，這些問題無關大局，你不去處理，也會自然消失了。所以，時刻提醒自己，無關大局的問題，儘量不要插手，而要裝糊塗，不把精力放在那些無謂的芝麻小事上。

心理學補給站

某些人人緣不好，主要是因為他們處理一些小是小非的問題時有錯或者不夠全面。如果乾脆不去處理，不就不存在這類問題了嗎？所以，與人打交道的時候，必須能帶過的就要帶過，這樣別人就會覺得你是一個能理解和容忍別人缺點、錯誤的人，你就會受到他人的尊重。當然，非追究不可的問題，應當認真追究，以挽回或者減少損失。

給小人一點蠅頭小利以保全自己

在我們的工作和生活中，不免會遇到一些給你穿「小鞋」的小人，他或許要靠踩著你的肩膀往上爬，或許要靠欺騙你達到他的目的。小人得罪不起，與其硬碰硬，不如來點軟的，正所謂「欲先取之，必先予之」。

在一個對外貿易公司裡，瑪索為人非常正直，幾乎所有人包括老闆在內都曾受過公司裡小人的詆毀，唯獨瑪索是公司中倖免的人，因為他有一套對付小人的辦法。

有一次，公司老總派瑪索前往國外和外商洽談一個重要的合作專案，並告訴他說：「你要用人，公司職員隨你挑選。」

瑪索回答道：「我沒有其他過多的需要，只是請求讓尼亞與我一起同行。」這個要求倒是把老總給弄糊塗了。因為尼亞在公司的狡猾和貪婪是大家有目共睹的，他不僅喜歡搶風頭，還喜歡爭功名，總之，小人的特點全在尼亞身上表現出來了。

瑪索看著一臉疑惑的老總笑著說道：「這次談判對公司來說很重要，我在外需要公司內部給我提供大量資訊和全力支援，這件事要是做好了，事情也就成功了，本來尼亞就插手了這件事，現在難保他不眼紅，就怕他暗中作梗，那樣豈不壞了大事？要是我把他放到自己的眼皮底下，派他點用場，分他點功名，就能堵住他的嘴，再則他還是很精明能幹的，也並非一無是處……」

老總聽後明白了瑪索的用心良苦，知道瑪索給尼亞機會表現自己，更是給尼亞甜頭，讓尼亞知道自己應該做什麼，於是連連點頭稱讚。

也許你看過也經歷過一些不公平的事，許多正直的人不屑於和小人為伍，最後卻栽在這些小人手上，甚至一敗塗地。瑪索對待小人的思路和方法確實值得職場中人借鑑和學習。正因為你給那些小人一點點軟的、甜的，自然會化那些招式於無形。同時，也會讓你在職場中如魚得水。

心理學補給站

你還可以利用小人的慾望，達到操控他的目的，因為小人自然慾望多多，以此誘使他們，同時懾以聲威，就可以驅使他們做任何事了。

擦亮眼睛：「哥兒們義氣」多小人

俗話說「物以類聚，人以群分」，講究哥兒們義氣的人，必定會約上一群「狐朋狗友」，吃喝玩樂無所不為，雖然過得確實瀟灑，卻為小人的誕生提供了絕好的溫床，因為小人需要這種火熱的環境來增加彼此的感情，等你放鬆對他們的警惕時，他們便在你的背後插刀，這便是小人的一貫作風。

諸葛亮在他的千古名著《出師表》中這樣寫道：「親賢臣，遠小人，此先漢所以興隆也；親小人，遠賢臣，此後漢所以傾頹也。」可見賢臣和小人對一個國家的前途所起的作用是截然相反的。

但歷史偏偏在重複著一個無可迴避的循環，小人就好比那甜口毒藥、奪命白粉一樣，讓人明知是萬丈深淵卻又禁不住魔鬼的誘惑而忍不住往下跳，這是人性的一種悲哀。讓我們來看看下面一個故事。

和士開是北齊人，其父和安，出仕於東魏，「恭敏善事人」，為人非常狡猾，很有一套恭維巴結皇帝的手腕。也許是有其父必有其子，和士開的奉承拍馬功夫真是青出於藍勝於藍，遠遠超過了他老爹的成就，北齊天保初年，高湛得寵，被晉爵為長廣王，和士開見高湛未來當皇帝的可能性很大，便想方設法接近巴結高湛，為自己將來的進宮加爵之路鋪平道路。

高湛性好「握槊」，這種遊戲便是中國象棋的起源。恰好和士開也精於此道，於是他便找機會與高湛遊戲。二人棋逢對手，總是鬥得難分難解，越玩越上癮，次數越加頻繁。

高湛還喜歡音樂，恰好和士開又能彈胡琵琶，他經常為高湛彈曲，興致高時，還往往邊彈邊唱，那清歌妙曲，讓高湛無比著迷。

高湛喜談笑，而和士開生就一副伶牙俐齒，於是便經常陪高湛胡扯閒說，和士開的甜言蜜語和淫詞穢談，更使高湛開心，二人越談越投機，大有相見恨晚的感覺。

北齊皇建二年（五六一年），孝昭帝駕崩，高湛繼承大位，是為武成帝。和士開長期企盼的日子終於來到了。本來，高湛在繼位之前與和士開的關係已經火熱，即位之後，和士開對他更是「奸諂百端」，因而武成帝高湛視之如心腹，倚之如股肱，和士開得寵的程度，可謂是世間少有。

和士開受到武成帝高湛如此寵愛，照理該滿足了，可是他仍繼續施展各種手段，進一步鞏固和加深皇帝之寵。武成帝患有「氣疾」，即「疝氣」，這種病最怕飲酒，但他嗜酒如命，越飲病越重。武成帝雖然一向對和士開言聽計從，但唯獨在飲酒問題上則每諫不從。一次，武成帝氣疾發，又要飲酒，和士開淚下不能言。帝曰「卿此是不言之諫」，固不復飲。

和士開僅用哭泣抽噎的微小代價便換取了武成帝的莫大好感，這與他慣常使用的甜言蜜語具有異曲同工之效。

如果你以為和士開的這一表現是出於對武成帝的一片關懷之心，那就大錯特錯了。實際上，勸武成帝戒酒並不是他的目的，透過此舉邀寵以求富貴權勢，這才是他的真正用意。世界上最難測度的是無恥小人之心，代表著人類真誠感情的眼淚也照樣可以被他們所褻瀆，用來為其不可告人的目的服務。如果和士開以淚勸諫出於真誠，那他就絕不會把奸害的魔掌伸向皇宮後院，將武成帝的皇后占為己有了。

武成帝的皇后胡氏，本是一個水性楊花、放縱淫蕩之人，加上武成帝素來荒淫，三宮六院，居無定所，較少與之相陪，因而胡皇后更感到寂寞難挨。

和士開深明「狡兔三窟」之理，單是武成皇帝的傾心信賴，還不能令他滿足。胡皇后喜歡干預政事，和士開早就想拉她作為內援，他正覬覦著機會。當他瞭解到胡皇后的寂寞後，便決定乘虛而入。

和士開有意挑逗，因而進展十分順利，很快勾搭成奸。可歎那武成帝對和士開如此恩深義重，而和士開卻毫不客氣地給他戴上了一頂「綠帽子」。可見禮義廉恥對和士開之流，是毫無約束力的。為達個人目的，他們可以不擇手段，這是常人無法理解的。

武成帝的恩寵對和士開達到了無以復加的地步，但和士開對武成帝的回報卻是一頂漂亮的「綠帽子」，小人的貪欲如此顯現，便從此一發不可收拾了。

心理學補給站

俗話說小人難防，但小人有自己的「特徵」，對你投其所好，嘴甜如蜜者，這種人十有八九是小人，所以做人得用點心思，識破小人的嘴臉，別等到真上當時就後悔莫及了。

借力打力以躲過小人的陷害

奸詐的人有如兇猛的老虎，近之將被所害，但猛虎吃人是明擺著的，故人知之不敢近而避開。奸詐的人很難窺測其內心世界，他對人是這樣表裡不一：或笑顏常開，或關懷備至，或卑躬屈膝，因而使人對他感到可親、可愛、可信。正是在這些假象之下，掩蓋著他所隱藏的利劍，在你毫無警備的情況下栽在他的手裡。因此，對奸詐的人切不可近，不得已而近之，也要千萬小心，經常警惕，以免落入他的圈套。

戰國時候，張儀和陳軫都投靠至秦惠王門下，受到重用。不久張儀便產生了嫉妒心，因為他發現陳軫很有才幹，比自己強得多，擔心日子一長，秦王會冷落自己，喜歡陳軫。於是他便找機會在秦王面前說陳軫的壞話，進讒言。

一天，張儀對秦惠王說：「大王經常讓陳軫往來於秦國和楚國之間，可是現在楚國對秦國並不比以前友好，但對陳軫卻特別好。可見，陳軫的所作所為全是為了他自己，並不是誠心誠意為我們秦國辦事，聽說陳軫還常常把秦國的機密洩漏給楚國。作為大王您的臣子，怎麼能這樣做呢？我不願再同這樣的人在一起做事。最近我又聽說他打算離開秦國到楚國去。要是這樣，大王還不如殺掉他。」

聽了張儀的這番話，秦王自然很生氣，馬上傳令召見陳軫。一見面，秦王就對陳軫說：「聽說你想離開我這兒，準備上哪兒去呢？告訴我吧，我好為你準備車馬呀！」

陳軫一聽，莫名其妙，兩眼直盯著秦王。但他很快明白了，秦王是話中有話，於是鎮定地回答：「我準備到楚國去。」

果然如此，秦王對張儀的話更加相信了，於是慢條斯理地說：「那張儀的話是真的？」

原來是張儀在搗鬼！陳軫心裡完全清楚了。他沒有馬上回答秦王的話，而是定了定神，然後不慌不忙地解釋說：「這事不單是張儀知道，連過路的人都知道。從前，殷高宗的兒子孝己非常孝敬自己的後母，因而天下人都希望孝己做自己的兒子；吳國的大夫伍子胥對吳王忠心耿耿，以至天下的君王都希望伍子胥做自己的大臣。賣僕妾時如果能賣到鄰里，這就說明他們是好僕好妾，因為鄰里人瞭解他們才買；一個女子出嫁，如果同鄉的小夥子爭著要娶她，這就說明她是個好女子，因為同鄉的人瞭解她。我如果不忠於大王您，楚王又怎麼會要我做他的臣子呢？我一片忠心，卻被懷疑，我不去楚國又到哪裡去呢？」

秦王聽了，覺得有理，點頭稱是，但又想起張儀講的洩密的事，便又問：「既然這樣，那你為什麼將我秦國的機密洩漏給楚國呢？」陳軫坦然一笑，對秦王說：「大王，我這樣做，正是為了順從張儀的計謀，用來證明我是不是楚國的同黨呀！」

秦王一聽，卻糊塗了，望著陳軫發愣。

但陳軫還是不急不徐地說：「據說楚國有個人有兩個妾。有人勾引那個年紀大一些的妾，卻被那個妾大罵一頓。他又去勾引那個年輕一點的妾，年輕的妾對他很友好。後來，楚國人死了。有人就問那個勾引他的妾的人：『如果你要娶她們做妻子的話，是娶那個年紀大的呢，還是娶那個年紀輕的呢？』他回答說：『娶那個年紀大些的。』這個人又問他：『年紀大的罵你，年紀輕的喜歡你，你為什麼要娶那個年紀大的呢？』他說：『處在她那時的地位，我當然希望她答應我。她罵我，說明她對丈夫很忠誠，現在要做我的妻子了，我當然也希望她對我忠貞不貳，而對那些勾引他的人破口大罵。』大王您想想看，我身為秦國的臣子，如果我常把秦國的機密洩漏給楚國，楚國會信任我、重用我嗎？楚國會收留我嗎？我是不是楚國的同黨，大王您該明白了吧？」

秦惠王聽陳軫這麼一說，不僅消除了疑慮，而且更加信任陳軫，給了他更優厚的待遇。

心理學補給站

小人不會是當著你的面中傷、算計你的，他們會在你背後，在你不知不覺的時候給你一刀，或者挖好了陷阱等你走進去。這就需要你透過一些蛛絲馬跡察覺小人的陰謀，最好能順著小人給你的路，跳過陷阱。

注意自己言談舉止，莫讓小人當槍使

玄宗天寶年間，李適之與李林甫同朝為相，此人性格豪放，心比較粗，有時遇事考慮不周。而口蜜腹劍，以陰險著稱的李林甫常拿李適之當槍使，在玄宗面前爭寵。

有一次，李林甫對李適之說華山上有金礦，如果開採冶煉，可以富國，聖上現在還不知此事。其實這顯然是李林甫預設的圈套，李適之稍微動動腦就會體會出李林甫別有用心。李林甫身為執政宰相，既知華山有金礦，就應直接向玄宗說，哪裡還用李適之轉達呢？

李適之卻不假思索，就在幾天後借進奏他事的機會順便提起此事。

玄宗聽後，召見李林甫詢問此事，李林甫很恭敬地回答說：「華山有金礦，我早就知道了，但考慮到華山是王氣所在，不應該開鑿，不然就壞了本朝風水，所以始終也沒向您說起此事。是誰向陛下提起此事呢？此人要鑿您的本命之山，居心何在？」

玄宗聽了，覺得還是李林甫最忠實於自己，事事替自己著想，很高興地褒揚了幾句。同時覺得李適之考慮事情不周到，事後對李適之說：「從今以後，如果再有什麼事上奏，先去和李林甫商量商量，他同意了你再上奏。」

從此，李適之再也無法越過李林甫直接去進見玄宗皇帝了，逐漸失去了皇帝信任。李林甫巧設妙計借他人之口除掉了自己仕途中的絆腳石。有句老話叫做「禍從口出」，做人一定要注意自己的一言一行，什麼話能說，什麼話不能說，什麼事能做，什麼事不能做都要在腦子裡多繞幾個彎子。

當年趙高要陷害李斯，就故意裝出一副悲天憫人的樣子對李斯說：「現在各地群盜蜂起，天下大亂。可是當今皇上卻一味地吃喝玩樂，不理國政。我本想來勸諫皇上，可我的官位小，說話也不為陛下所重。您身為丞相，這正是您分內的事，您為什麼不勸諫呢？」

李斯聽了哭喪著臉說：「可不是嘛！我早就想進宮勸諫。可是皇上天天深居宮中，想傳個話進去也辦不到，想見見皇上就更辦不到了。」

趙高故作親切地說：「如果您真想勸諫，我給您找個機會，趁他閒著的時候你就到宮門外求見，我給您捎信時您馬上就來。」李斯很感激他。

趙高經常在宮中侍奉二世。當二世和宮女們玩得熱火朝天正在興頭兒上的時候，趙高就派人去通知李斯來求見。李斯急匆匆來到宮門外求見，二世玩得正起勁，聽到李斯求見，就不耐煩地說：「我玩得正高興呢，告訴他先回去吧！」

就這樣，皇上一玩到高興的時候趙高就通知李斯來求見，連續三次都是如此。二世非常生氣，對趙高說：「我平時常有閒著的時候，丞相不來求見。偏要等我一玩到高興的時候他就有事要來請示，掃興。這不明明是認為我年輕瞧不起我，真是太不像話了。」

趙高見二世動了氣，便乘機大進讒言，詆毀李斯，最後以謀反的罪名除掉了李斯。李斯因為沒有識破趙高的小人伎倆，在不知不覺中為其利用，最終招致了殺身大禍。在日常生活中，我們一定要小心提防身邊的小人，一旦中了小人的圈套為其利用，後悔就來不及了。

比如某人有不可告人的隱私，你說話時偏偏在無意中說到他的隱私言者無心，聽者有意，他會認為你是有意跟他過不去，從此對你恨之入骨。某人做的事，別有用心，極力掩飾不使人知，如果被你知道了，必然對你非常不利。如果你與對方非常熟悉，絕對不能向他表明，你絕不洩密，那將會自找麻煩。唯一可行的辦法，只有假裝不知，若無其事。

某人有陰謀詭計，你卻參與其事，代為決策，幫他執行，從樂觀的方面來說，你是他的心腹。而從悲觀的方面來說，你是他的心腹之患。你雖然謹守祕密，從來不提及這件事，不料另有人識破機關，對外宣告，那麼你也無法逃掉洩漏的嫌疑。你只有多親近他，表示自己並無二心，同時設法偵察洩漏這個祕密的人。

萬一對方對你並不十分信任，你卻極力討好他，為其出謀劃策，假如他採用你的方案，而試行的結果並不好，一定會疑心你在有意捉弄他，使他上當；即使試行結果很好，他對你也未必增加好感，認為你只是偶然發現，不能算你的功勞，所以你在這個時候還是沉默為好。

心理學補給站

做人要有「心計」，言談舉止一定要掌握好時機和火候，不要讓小人利用了你在言談舉止上的失誤，拿你當槍使，以達到損人利己的目的。

在暗處對付小人，比明槍實箭高明

要對付小人，如果能暗中使勁，用隱藏的手段清除小人，比明槍實箭地與小人大幹一場要高明得多。正如你要大掃除，最重要的是不能搞得煙塵瀰漫，否則垃圾除不盡，反而將自己搞得灰頭土臉的。

宋仁宗時有個宦官叫任守忠，因為有巧言令色的本事，得到皇帝的寵愛，或許因為平常自大慣了，竟然自命不凡起來，以為自己也可以在權力場中呼風喚雨，所以逾越本分不說，還在宮中到處興風作浪，成了宮中的麻煩製造者。

由於仁宗沒有親生兒子，王位繼承當然成為焦點。任守忠居然想盡辦法希望由比較昏庸、沒有才能的王室子弟繼承王位，以方便從中控制、攬權。

後來英宗繼了位，任守忠的妄想破滅，所以就遷怒於英宗，常常在英宗與非親生母親的太后之間挑撥離間。例如，在英宗面前就說太后瞧不起他，而在太后面前則造謠說英宗不尊敬太后，等等，搞得英宗與太后之間的關係非常惡劣。

時間一長，朝內大臣都覺得再這樣繼續下去，恐怕會惹出大禍，於是就想辦法非除去任守忠不可。

但是，要除去任守忠這麼一個已經黨羽遍佈朝野的奸詐老狐狸並不那麼簡單，如果事情暴露，局面將更加複雜。

所以，宰相韓琦在徵得英宗同意之後，決定給任守忠來個迅雷不及掩耳的致命一擊。為了避免風聲走漏，韓琦首先拿來了一道空白命令，自己先簽了名，然後派人送去給歐陽修、趙概這兩個參知政事會簽。即使只是一道空白命令，歐陽修看了看之後，也毫不猶豫地立刻簽了名，可是趙概卻面有難色，下不了筆。

歐陽修見狀，就對趙概說：「你跟著簽名就對了，韓琦這樣做，一定有他的道理。」

會簽完畢後，韓琦就把任守忠找來，要他站立在政事堂下，宣佈他的罪狀，說他本來應該斬首，但是皇帝念在多年情分上，即日起貶他為蘄州團練副使，而且必須立刻起程。

說完之後，韓琦才取出空白命令，將罪狀與派令一同填上。此時的任守忠只有叩頭謝罪的份，毫無反擊的機會。

小人不見得有什麼神通廣大的本領，可是小人得勢，必然大肆豢養狐群狗黨。而靠著狐群狗黨的張牙舞爪，更讓他們有一手遮天的搞鬼能耐。這個時候，任何「驅鬼」的行動若過於光明正大，恐怕鬼魅未除，自己已經屍骨無存了。

抓鬼當然不能點燈。鬼不見得怕光，點了燈反而將驅鬼的人暴露在明處，成為群鬼攻擊的目標。韓琦採取一聲不響、不露痕跡的方式，給任守忠措手不及的致命一擊，應該可以稱得上是打擊小人、驅逐鬼魅的佳作。

心理學補給站

在現實的人生處境中，多的是群魔亂舞，當你想要有所行動前，可千萬記得不要開燈，任意招搖。

不得不防，工作中的那些「好心人」

職場人際關係錯綜複雜，在強敵如林的競爭者當中，不乏冷若冰霜的自私者，但更可怕的是笑裡藏刀的「好心人」。這些「好心人」往往帶著一張友善的面具，有著不錯的人緣，卻是口蜜腹劍，在背後幹著損人利己的勾當。

喬治．凱利和鮑爾同在愛德爾大飯店餐飲部掌廚。鮑爾在公司人緣極好，他不僅手藝高超，且總是笑臉迎人，待人和氣，從來不為小事發脾氣，和同事和諧相處，樂於幫助別人。同事對他的評價很高，都稱他為「好心的鮑爾」。

一天晚上，喬治．凱利有事找經理。到了經理室門口時，聽到裡面正在說話，並且依稀有鮑爾的聲音，他仔細一聽原來是鮑爾正在向經理說同事的不是，平日裡很多小事都被鮑爾添油加醋地說，像湯姆把餐廳的功能表拿給他做餐館生意的叔叔，還有瑪麗平時工作不認真，經常在工作時間給朋友打電話，並且還說喬治．凱利的壞話，藉機抬高鮑爾本人。喬治．凱利不由心生一陣厭惡。從此以後，喬治．凱利對於鮑爾的一舉一動，每一個表情，每一句話都充滿了厭惡和排斥感，無論他表演得多好，說任何好聽的話，喬治．凱利都對他存有戒心。同事也從喬治那裡看出些什麼，對鮑爾也敬而遠之了。

鮑爾的可怕之處在於背後捅刀當面樂，讓你找不出誰是使你蒙受不白之冤的幕後黑手，也讓你分不清誰是敵、誰是友。

「好心人」在工作中，面帶笑容，表現得特別友好。暗地裡，卻使出手段造你的謠，拆你的台。這種人，往往容易讓你吃了虧還不知道是怎麼回事，因為許多人壓根兒就不知道這一巴掌正是他打來的。

在高速公路上發生了一個車禍，有兩輛轎車互相擦撞，所幸車主都沒有受傷。雖然車主沒受傷，可是各自受到的驚嚇卻不小，身體顫抖不已，也沒有力氣爭個誰是誰非了。兩人在路邊坐下來，互相交換名片，一位是徐律師，另外一位是林醫生。

徐律師由口袋裡掏出一小瓶酒來，對林醫生說：「來，壓壓驚！」林醫生說了聲謝謝，拿起酒瓶灌了好幾口，才把酒瓶還給徐律師。徐律師接過酒瓶，蓋上瓶蓋放到口袋裡。林醫生見他沒喝酒，於是問他：「你不喝嗎？」沒想到徐律師馬上回答：「要啊！但是要等員警來過以後再喝。」

林醫生聽了這話，大概恨不得把喝下去的酒全給吐出來，等員警來了發現他滿嘴的酒味兒，怕是跳到黃河也洗不清了吧！徐律師使用心理戰術解決車禍問題，顯然勝之不武，是不可取的，但就專業上的敏銳度來講，醫師在法律問題上當然比不上律師了。

面對那些看似好意的面孔，多留一個心眼，千萬不能步林醫生的後塵。害人之心自然不可有，但是防人之心是絕對不可少的。在職場中，與人相處不能只注意表象，也不能僅從某事來判斷一個人。尤其是剛剛走上工作職位的新人們，更應該小心翼翼地處理手邊的每一件事。畢竟是人心隔肚皮，知人知面不知心。別人的想法你不可能盡知，何況手有五指參差，人也良莠不齊，有些人就專撿別人的弱點進攻以獲取不義之財，這種人比竊賊更心狠手黑，更難於提防。一旦被他們抓住機會，你就會面臨滅頂之災。

心理學補給站

很多偽善和假象常欺騙我們的眼睛，我們只有擦亮雙眼，提高警惕，仔細觀察，謹慎處世，才能看清狡猾的「好心人」，在心理增設一道防線，防止他對自己造成傷害。

防微杜漸，不給小人使壞的機會

麥克阿瑟曾說過：「對於正面的敵人，我總能應付，但是對於來自身後的阻擊，我卻總是不能保護自己。」「明槍易躲，暗箭難防」，防微杜漸，不給小人使壞的機會，才是避免自己栽跟頭的預防之道。

「安史之亂」平定後，因為郭子儀立下了汗馬功勞，不免有許多人眼紅，為防小人嫉妒，他一言一行都無比小心。有一次，郭子儀正在生病，有個叫盧杞的官員前來探望。盧杞是個聲名狼藉的奸詐小人，相貌奇醜，臉色鐵青，臉形寬短，鼻子扁平，鼻孔朝天，眼睛小得出奇，一般婦女看到他都不免掩口失笑。

郭子儀聽到門人的報告，立即讓身邊的姬妾們避到一旁不要露面，他獨自等待。

盧杞走後，姬妾們又回到病榻前問郭子儀：「許多官員都來探望您，您從來不讓我們躲避，為什麼此人前來就讓我們都躲起來呢？」

郭子儀微笑著說：「你們有所不知，這個人相貌極為醜陋而內心又十分陰險。你們看到他萬一忍不住失聲發笑，那麼他一定會心存嫉恨，如果此人將來掌權，我們的家族就要遭殃了。」郭子儀對盧杞太瞭解了，在與他打交道時處處小心謹慎。後來，盧杞當了宰相，果然極盡報復之能事，以前稍有得罪於他的人，都被他施法陷害，獨獨對郭子儀另眼相看。

小人像瘟疫，與其對付他們倒不如像郭子儀那樣以預防為先。俗話說得好，林子大了什麼鳥都有，如果你想成為一個贏家，就必須學會防備可能會出現的麻煩。即便是平常很善良的人，一旦他的利益受到損害，也同樣變成「惡人」。同事中的小人，我們不得不防。像盧杞這樣一眼就能看出是小人的，倒還算容易對付。那種表面上忠心耿耿，暗地裡卻心狠手辣之輩，才是最易疏於防範的。

小彤調到第一科工作才一個多月，她正在努力學習，希望儘快有好的表現。組長似乎注意到她的努力了。那天，組長要小彤就科長剛交給組裡的一項活動提出完整的規劃和進度。她興奮不已，心中暗暗發誓，一定要好好設計，以免辜負了組長。

小彤花了三天兩夜不眠不休的構思，終於把提案交給組長了，她想，組長一定會覺得沒看錯人。可是，一個星期過去了，組長除了在剛收到她的提案時說過「好，做得很好」之外，就再也沒有任何表示。又過了一個星期，仍是毫無音訊，她也不好意思再向組長追問提案的結果。然而，就在她想忘記這個提案之際，科長召集大家到會議室開會，大大的表揚讚美她的組長，說組長針對這次活動提出的計劃非常好，值得大家向他多學習；接著，就發給每人一份計劃書，開始分配安排工作。

她一翻開計劃書，驚訝得目瞪口呆，簡直不敢相信自己的眼睛，再一頁一頁地看下去，正是她交給組長的那份提案！組長甚至連一個字也懶得改動。小彤真後悔當初完全信任組長，以致於提案交出去時，連一份影印本都沒留；現在，如果她站出來說這是她寫的，又拿不出任何證據來證明，又會有誰相信她呢？

工作中千萬不能忽視小人的存在，他們就像埋在交際場上的地雷，殺傷力非一般所想。一旦踩上，你說不定粉身碎骨。現代社會競爭激烈，小人不得不防，在沒有徹底認清一個人的真面目之前，提防是最好的保障。

心理學補給站

在某些行業當中，同事之間當面一套，背後一套，明裡互相幫助，暗地裡拉幫結派，互相拆台。作為公司的一分子，你雖然不是一個為別人設置障礙的人，但不能不小心對待公司裡的同事。

人心叵測，給自己的隱私加把鎖

羅曼．羅蘭說：「每個人的心底，都有一座埋藏記憶的小島，永不向人打開。」馬克．吐溫也說過：「每個人像一輪明月，他呈現光明的一面，但另有黑暗的一面從來不會給別人看到。」人心叵測，與人相處，不要把自己過去的事全讓人知道，特別是那些不願讓他人知道的個人祕密，更要做到有所保留。向他人過度公開自己祕密的人，往往會因此而吃大虧。

冠維是一個公司的職員，他與他的好朋友正賢無話不談。一次，藉著酒興，向正賢說出了他不為人知的祕密。

冠維年輕時，與別人打群架，結果被判了兩年刑。從監獄出來後，改過自新，重新做人，考上了大學，進了現在的這家公司工作。時值年底，公司效益不佳，並準備裁員。冠維和正賢從事同一工作，這個位置精簡後只能留下一人，但論實力，冠維比正賢要略勝一籌。

不久，公司裡的同事都在私下議論冠維是坐過牢的人，大家對他的印象大打折扣。誰願意跟一個犯人共事呢？結果正賢被留了下來。

每個人都有自己的過去，及一些不為人知的祕密。朋友之間，哪怕感情再好，也不要把過去的事情、祕密告訴對方。職場中人，將自己的祕密告訴同事，在關鍵時刻，他可能會將你的祕密說出來，這樣，你的競爭力就會大大削弱了。

立偉剛入職場時，抱著很單純的想法，像大學時代對室友們無話不說一樣，所以常將自己的一些經歷及想法毫無保留地對同事講。

工作不久後，立偉就因出色的表現成為部門經理的熱門人選。可是他曾無意中告訴同事，他的父親與董事長私交甚好。於是，大家對他的關注集中在他與董事長的私人關係上，而忽視了他的工作能力。最後，董事長為了顯示「公平」，任命一個能力和他差不多的職員為部門經理。

如果立偉保護好自己的隱私，也許就能得到這個升職的機會。同事畢竟是工作夥伴同時又是競爭夥伴，在與同時交際當中，一定要掌握好保護隱私的尺度，自己的祕密不要輕易示人，守住自己的祕密是對自己的一種尊重，是對自己負責的一種行為。祕密只能獨享，不能作為禮物送人，再好的朋友，一旦你們的感情破裂，你的祕密將人盡皆知，受到傷害的人不僅是你，還有祕密中牽連到的所有人。

小人們多見縫就鑽、有機就乘，你的祕密或許就是他們要鑽的縫隙，防範小人，首先重在識別，如果識別不出來，那就儘量管好自己的隱私，千萬不要把同事當心理醫生。有些同事喜歡打聽別人的隱私，對這種人要「有禮有節」，不想說時就禮貌而堅決地說「不」。

千萬不要把分享隱私當成打造親密同事關係的途徑。適當地保護自己的隱私也是保護自己的前程和交際安全、生活穩定。要知道，世界上的事情沒有固定不變的，人與人之間的關係也不例外。

心理學補給站

今日為朋友，明日成敵人的例子屢見不鮮。把自己祕密告訴別人，一旦感情破裂。對方不僅不保密，還會將所知的祕密作為把柄，到時後悔也來不及了。

自身強硬，不怕小人糾纏

與小人博弈，需三思後行，與其和小人糾纏不清，不如強化自己的實力。所謂不做虧心事，不怕鬼敲門。自身強硬了，就不怕小人的攻擊。

幾年前，某校學生處推舉丁老師到學校教研室工作不久，投票現場對丁老師大加讚揚的伍老師卻到校長處放話說丁老師閱歷淺、底子薄、素質低，不能勝任這個工作，挑不起這個重任，還不如讓某某去，等等。

誰知道伍老師的話不知怎麼傳到丁老師的耳朵裡。但慶幸的是，這意外的小報告對丁老師並沒有形成任何打擊。他絲毫沒有被陷害所困擾。相反倒是從小報告中看到了不足，看到了自己努力的方向。幾年過去之後，這所學校的教研工作每年都有新的成果出現，他們承擔的幾個研究課題也都有了新的進展。

打小報告，對於伍老師來講沒有任何好處，但是丁老師從中吸取教訓，採取「有則改之，無則加勉」的態度，進一步地完善了自己，讓小人無空可鑽。完成了對自我的改造，就相當於向上邁了一個大台階，這樣小報告起到了促人覺醒的作用。

面對別人的造謠時，在完善自己的同時，保持緘默也是一種很好的躲避方法。職場關係的道路上難免會有荊棘坎坷，一不小心就可能使自己身敗名裂。最好的解決方式，打不過就躲，在躲避的時候，要顯得心胸寬廣並且彬彬有禮，這是擺脫困境的最佳途徑。

宋代有個人被破格提升為中書令，一些人不服氣，以為他並沒有什麼功績，卻得到朝廷如此重任。於是，就在背後詆毀，散佈說：「某某人表面上是個正人君子，其實他私下和他弟妹私通，簡直禽獸不如。這種人，還有什麼道德良心可言，真是罪該天誅地滅。」

俗話說：「好事不出門，壞事傳千里。」關於這個人生活作風不端、道德品質惡劣的謠言成為朝臣們議論的焦點。最後，謠言也傳到他自己耳朵裡。

事實上，這個人並沒有弟弟，根本不可能和什麼弟妹私通。但是，這個人沒有站出來，在大庭廣眾之下，擺證據闢謠。因為，那樣聽到他闢謠的人畢竟是少數；再者，如果造謠者造謠沒有成功，他一定不會甘心，還會想出更損的招數整你。事實如此，而他也只是自言自語對自己說了句：「我哪來的弟弟？我還真希望有個弟弟。」

這位中書令以謹慎之心武裝自己，因而不怕受到愚蠢行為的騷擾。他的先見之明，讓一些污濁混沌的意外無疾而終。和小人打交道是實力的比拼，面對小人的各種無恥手段，你不能衝動與之對拼，而應不斷完善與提高的個人硬體能力和道德水準。

心理學補給站

在防範小人時，一來要看到自己的不足，二來要有謹慎的心，把自己打造得更加強大，禦敵於千里之外。

給點甜頭，將小人捧殺

對付小人並不一定要用卑劣的言辭，給點甜頭，同樣可以將小人捧殺。對小人，捧殺他遠比棒殺他更直接有效。要知道，小人得勢的時候，免不了心存驕傲，自以為是。如果直接和這些人對抗，勝算恐怕不多。但是在他們的驕傲處極力吹捧，這些人在得意之時，就會愈加驕橫，也就免不了幹下種種不法之事。一旦積怨甚多，他們的好日子便不多了。

西漢末年，虞延在任戶牖亭長之職時，權臣王莽的貴人魏氏家的賓客十分霸道，無人敢惹。掌一亭治安警衛之責的虞延為此頗受攻擊，說他包庇惡人，諂媚權貴。

一次，虞延的好友為魏氏家的賓客打傷，他心中氣憤，便上門對虞延說：「惡人勢大，都是你縱容的結果，你還不敢承認嗎？我今日被打，你若不嚴辦，只怕他日受傷的就是你自己了。」

虞延安慰好友幾句，遂後說：「你不知我的用心，我也不怪你責怨我了。要知魏氏家的賓客之所以敢如此放肆，不過仗著王莽的權勢罷了。他們現在所犯的都是小錯，我若抓捕他們，不但不足以嚴懲，反會讓他們有了戒備，那就無法除害了。他們認為我怕了他們，殊不知我正好可以利用此節，讓他們罪行暴露，到時王莽也無話可說。」

一日，虞延擺下酒宴，請魏氏家的幾個賓客喝酒。在酒桌上，虞延故作親熱地和他們交談，還出言說：「各位乃是貴客，自與常人不同了。有人告你們侵擾鄉鄰，我是不會相信的。再說，你們樹大招風，令人無端攻擊也是常事，這能怪你們反擊嗎？」幾位賓客聽之大樂，以為虞延和他們同路，於是稱兄道弟，不把他當做外人了。

虞延的家人勸虞延辭官，說：「無論怎樣，你這個小官也只能受氣，何必兩頭為難呢？抓捕生事的賓客勢必得罪王莽；讓他們橫行，鄉鄰都私下罵你失職。為了遠離災禍，還是辭官的好！」

虞延為人正直，常有報國之心，他決心為民除害，自不會聽家人勸告。他暗中派人監視魏氏家的賓客，又吩咐說：「若是一些小事，你們不要管他們；若是他們犯了大案，你們速來回報。」

魏氏家的賓客小事不斷，不見虞延懲戒他們，他們的氣焰更囂張了，全然沒有了顧忌。一日，他們公然搶奪十幾家的財物，大搖大擺地用車載運。監視他們的人向虞延回報，虞延馬上率領兵士闖入魏氏家，把賓客逮捕，依法判了他們的重罪，打入牢中。

給那些得勢中的小人吹一陣甜蜜的風，那些小人就飄然然了，這個時候，小人的對你的威脅自然會於無形中化解。

心理學補給站

職場中，難免會遇到一些給自己穿「小鞋」的小人，聰明人在與小人打交道時，一般都不會輕易招惹小人、得罪小人。與其與小人硬碰硬，不如來點軟的將其捧殺。

化解他人敵意的示好

心理學

無論是否真誠，都要看起來很真誠

一個真誠而誠實的舉動能掩蓋十來個不誠實的舉動。敞開心扉、毫無遮掩的誠實和慷慨能夠攻破人們心中的防線，化解對方的敵意，即使是那些最有疑心的人也能放鬆警戒。

人際交往中，一旦有所選擇地利用誠實，你就能在他人（包括戒備心很強的人）堅實的防衛盔甲上打開一個目標，削減他人的敵意，接著你就可以按照你的意願去蒙蔽和操縱他們。

元末爆發農民起義，群雄割據，其中以朱元璋、陳友諒和張士誠較為強大。一三六六年五月，朱元璋受到陳友諒和張士誠聯合對應天的兩面夾攻。在雙萬正進行一場血戰的險惡形勢下，江北形勢驟變。小明王韓林兒和劉福通派出的三支北伐軍，遭到元軍反擊而慘敗。

小明王退兵安豐後，張士誠派大將呂珍圍攻安豐，情況十分危急。小明王多次派人向朱元璋徵兵解圍。朱元璋與部將商議，眾將都反對派兵，連軍師劉基也堅決不同意。朱元璋這次力排眾議，對大家說：「我自有安排！」於是毅然派兵去救安豐小明王。

朱元璋為什麼願冒此風險？他葫蘆裡究竟賣的什麼藥？其實，朱元璋想要利用小明王的旗號，達到更大的目的。

安豐戰後，朱元璋決心把小明王控制在自己手中。他先把小明王迎到滁州。在滁州給小明王建造了巍峨的宮殿，安排了威武的鑾駕儀仗、豐厚的食物和華麗的服飾。對小明王態度十分恭謹，小明王對朱元璋感激不盡了。他哪裡想到，朱元璋迅速安排親信，對小明王實行封鎖、隔離，甚至把侍奉小明王的宮人全部換上自己的部下。從此，小明王的一切，統統在朱元璋的掌握之中。

隨著朱元璋節節勝利，兵多地廣，他覺得小明王已無多少利用價值，而且越來越成為絆腳石，他不甘在名分上還是別人的臣子，於是策劃了借刀殺人的詭計。不久，朱元璋派專使到滁州晉見小明王，說是要迎接小明王回駕應天。小明王聽得心花怒放，殊不知，自己將要上黃泉路。之後，小明王在途中不幸淹死。臨死時，小明王還念念不忘感激朱元璋的迎駕之德呢！他哪裡知道是朱元璋的密令害死了他。

朱元璋接到小明王淹死的消息後，為掩人耳目，把船工斬首示眾，還假惺惺地痛哭了一場。兩年後，朱元璋在應天正式登上皇帝寶座，國號大明，他終於實現了自己稱帝的野心。

朱元璋的計謀之所以能夠得逞，緣於他自始至終以「真誠」為幌，實行蒙蔽手段，先是臨危救主，繼而周到侍奉，就是在小明王喪生之後，朱元璋也不忘「真情」演繹一場哭戲，在世人眼中留下一個「忠心事主」的光彩形象。儘管從道德上講，朱元璋的歹毒、陰險是應該摒棄的，但用真誠的態度來幫助自己成功卻值得仿效。

心理學補給站

無論你有多麼直接的目的，也要讓自己多一些真誠，多一點實在，才不會被別人抗拒。你表現得越真誠，就越容易讓對方產生濃厚的好感。

即便內心不滿，也要積極擁抱你的對手

放下自私和虛榮，主動接受對方。「尺有所短，寸有所長」，只要你誠心接受，對方也會坦誠相待，你就會從對手身上學到長處，因而更有利於自己的發展。

競爭對手我們在生活中經常會遇到，但我們應該如何去對待我們的對手呢？許多人都視對手為眼中釘，肉中刺，欲除之而後快。其實這都是非常錯誤的。

一位名叫朗凱寧的作家曾寫過一篇名叫《對手》的小說。

志和文成為對手，是因為一個女同學。也許是命運註定，畢業後，他倆被分配在同一部門工作。他倆的爭鬥讓穎生厭，結果誰也沒有得到穎的愛情，得到的，只是彼此的怨恨。這怨恨使他倆留一個心眼去盯對方，一旦發現對方有什麼紕漏，就毫不留情地捅出去。他倆的目標很明確。

志無可挑剔地當上科長的時候，文也同樣當上了股長。

他倆就這麼相互盯著，相互攀升。

當志當上了處長時，文也當上了科長。

志當處長，有許多人送錢送禮物給他，他不敢要，他覺得文的一雙眼睛盯著他。一回，他實在忍不住，心動了，收了人家送來的三萬元。夜裡，他做了個夢，夢見文高興得哈哈大笑，說：「這回你完了，三萬元已經夠處罰條件了，你完了。」他嚇出一身冷汗，第二天就把錢送到紀檢部門去了。

文的機會也同樣多。

……

就這樣，他們以無可爭議的清廉和才幹，上了更高的職位，且得到了人們的尊敬。

眼下，他倆都到了要退休的年齡。

一天，兩人相見，互望著對方，便禁不住緊緊擁抱，且激動得熱淚盈眶。是的，沒有這樣的對手，誰敢說途中會怎樣。

一生平安，得益於對手的「呵護」。

他們都深深地感激對方。

如果你能當眾擁抱你的敵人，就說明你的心懷已經能容天下所不能容。在你與他人相處時，能容天下人、天下物，出入無礙，進退自如，這正是成就大事業的本錢。

首先，能當眾擁抱敵人的人，他的成就往往比不能擁抱敵人的人更高、更大！能當眾擁抱敵人的人是站在主動的地位，採取主動的人則是制人而不受制於人。你採取主動，不只迷惑了對方，使對方搞不清你對他的態度，也迷惑了第三者，搞不清楚你和對方到底是敵是友，甚至有誤認為你們已化敵為友的可能。無論從哪個角度來看，你都是贏家！

其次，當眾擁抱敵人，除了可在某種程度之內降低對方對你的敵意之外，也可避免惡化你對對方的敵意。當眾擁抱，表面上不把對方當敵人，但心底怎麼想，只有你自己明白。而敵人那一方卻已因你這一舉動而放下對方，你又一次贏得了人心。

事實上，要當眾擁抱你的敵人並不如想像中之難，只要你能克服心理障礙，你可以這麼做：

1.在肢體上擁抱你的敵人——例如，擁抱、握手……尤其是握手，這是較普遍的社交動作，你伸出手來，對方好意思縮手嗎？

2. 在言語上擁抱你的敵人——例如，公開稱讚對方、關心對方，表示你的誠懇，但切忌過火，否則會產生相反的效果！

心理學補給站

一個能容忍對手發展的人，不但是一個胸襟寬廣的人，還是一個具有遠見的人。讓競爭對手時刻在背後激勵自己、鞭策自己，使自己不能有片刻懈怠，努力向前發展，實現雙贏目的，實在是再好不過。

巧用「背後鞠躬」策略，消除對方敵意

在人際心理學中，有一種被稱作「背後鞠躬」的勸說術，讓第三者佯作無意地向對方道出你的善意或友好的想法，往往能夠讓彼此不睦的人際關係來個大轉折。

有一次，有人在林肯總統面前搬弄是非說，外交部長愛德溫·斯坦頓曾罵林肯是個該死的傻瓜。誰知，林肯聽了以後不但沒有生氣，反而像閒話家常一般地說：「如果斯坦頓說我是個該死的傻瓜，那麼我很可能真的是，因為他辦事一向都很認真，他說的十有八九都是正確的。」林肯的這番話很快傳到了斯坦頓的耳朵裡，斯坦頓聽到他人轉述過來的這番話的時候，感動極了。他在第一時間內跑到林肯面前，向林肯表示了自己崇高的敬意。

林肯正是利用了「背後鞠躬」的方法使斯坦頓改變了態度。那麼為什麼「背後鞠躬」能夠取得這樣的效果呢？

心理學家認為，與當面表達善意相比，「背後鞠躬」往往能產生更加顯著的效果，主要原因有三方面：

一、人際交往遵循「相悅定律」，即誰喜歡你，你往往就會對誰報以同樣的好感。因此，當你向對方「鞠躬」的時候，往往能夠換回對方的「鞠躬」。

二、採用「背後」的方式，能夠繞過對方的心理防備區。如果你親口向對方表達善意，即使你完全是出於真心的，也很有可能被對方冠以「無事獻殷勤，非奸即盜」之名，進而對你所表達的善意產生排斥，甚至加重心理防備，使得你的善意完全失去效用。相反，如果資訊是從第三者口中獲得的，對方就不會懷疑其可信程度，因為對方會想：「什麼好處也撈不著，他沒有必要對我說謊。」因此，借由第三者向對方傳遞善意，能夠使你的誠意顯得更加真切、可信。

三、防止對方的負面自我概念產生消極作用。在人際交往中，很有可能，對方對你的敵意是出自於對你的羨慕或者嫉妒。在這種情況下，對方對自己的自我概念持負面態度，即認為自我形象不好、不值得他人喜愛。如果對方有這樣一種心理，那麼當你向對方說「你很好，我喜歡你」，對方很有可能認為你在消遣他，進而使關係更加惡劣。

此外，心理學家還指出，當人具有正面或中性的自我概念時，會對他人的善意報以同樣的善意。然而，當人具有負面自我概念時，「相悅定律」的效果會大大降低。

採用第三者轉述的方式，就能夠穿過對方的這兩個消極關卡。因為，他面對的對象是第三者，而他在第三者面前是不會有負面自我概念的。

心理學補給站

在生活中，如果對方的敵意不是源於彼此間的利害得失，那麼，「背後鞠躬」策略通常能有效化解對方的敵意。總之，如果對方是因為討厭你才敵對你，又或者是因為嫉妒你才敵視你，那麼，借第三者的口傳遞「喜愛、友善」的資訊，告訴對方你「欽佩他、羨慕他、尊敬他」，往往能夠給彼此的關係帶來轉機，有效地化解對方的敵意，其效果定能讓你大吃一驚。

站在對方立場說話，消除對方戒心

當我們和別人商談事情時，我們不應該先自我確定標準和結論，應該先站在對方的立場上仔細想想，詢問對方對這件事情的看法和他認為應該如何解決這個問題，而不是直接講一番大道理來逼迫對方接受自己的觀點，這樣就會消除對方的敵意，更容易讓對方聽你的話。

很多時候，站在對方的立場上考慮問題，你會發現，你跟他有了共同語言，他的所思所想、所喜所惡，都變得可以理解甚至顯得可愛。在各種交往中，你都可以從容應對，要麼伸出理解的援手，要麼防範對方的惡招。許多人不懂得如何站在對方立場上思考和說話，這是導致很多事情做不成功的一大原因。

你若能站在他人的立場上說話，能給他人一種為他著想的感覺，這種技巧常常使你的話具有極強的說服力。要做到這一點，「知己知彼」十分重要，唯先知彼，而後方能從對方立場上考慮問題。成功的人際交往語言，有賴於發現對方的真實需要，並且在實現自我目標的同時給對方指出一條可行的路。

某精密機械工廠生產某種新產品，將其部分部件委託另外一家小型工廠製造，當該小型工廠將零件的半成品呈送總廠時，不料全不合該廠要求。由於新產品上市迫在眉睫，總廠產品負責人讓小廠儘快重新製造，但小廠負責人認為他是完全按總廠的規格製造的，不想再重新製造，雙方僵持了許久。

這時總廠廠長在問明原委後，便對小廠負責人說：「我想這件事完全是由於公司方面設計不周所致，而且還令你吃了虧，實在抱歉。今天幸好有你們幫忙，才讓我們發現了產品的缺點。只是事到如今，產品總是要上市的，你們不妨將它製造得更完美一點，這樣對你我雙方都是有好處的。」那位小廠負責人聽完，欣然應允了。

也許你會質疑：「站在對方的立場上說來容易，實際要做的時候也那麼容易嗎？」沒錯，站在對方立場上說話確實不容易，卻不是不可能。許多口才不錯的人都能做到這一點。因為若不如此做，談話成功的希望就可能是很小的。真正會說話的人，善於從他人的角度來設想，並且樂此不疲。然而，他們也並非一開始就能做得很好，而是從一次次的說服過程中吸收經驗、汲取教訓，不斷培養這種習慣，最後才達到這種境界的。因此，只要你願意，這並不是件太難的事。

心理學補給站

美國「汽車大王」福特曾說過：「如果說成功有祕訣的話，那就是站在對方立場上認識和思考問題。」所以在與人交往的過程中，多站在對方的立場上思考和說話，設身處地地為別人著想，就會消除對方的敵意，同時也更能讓人感動，更能讓人接受你的思想。

以德報怨，讓對方的敵意如冰消逝

《詩經．衛風》云：「投我以木桃，報之以瓊瑤。」就是說，你對我好，我對你更好。普通的朋友之間尚且如此，倘若胸懷寬廣，對自己的對手也能「投以木桃」，那你的對手也一定感激涕零，視你為恩人一般。日後定會選擇時機報答你，給予你幫助，讓你獲得更大的成功。

一位名叫卡爾的賣磚商人，由於另一位對手的競爭而陷入困境之中。對方在他的經銷區域內定期走訪建築師與承包商，告訴他們卡爾的公司不可靠，他的磚塊不好，生意也即將面臨歇業。

卡爾對別人解釋說他並不認為對手會嚴重傷害到他的生意。但是這件麻煩事使他心中生出無名之火，真想「用一塊磚來敲碎那人肥胖的腦袋作為發洩」。

「有一個星期天早晨，」卡爾說，「牧師佈道時的主題是：要施恩給那些故意為難你的人。我把每一個字都吸收下來。就在上個星期五，我的競爭者使我失去了一份二十五萬塊磚的訂單。但是，牧師教我們要善待對手，而且他舉了很多例子來證明他的理論。當天下午，我在安排下周日程表時，發現住在弗吉尼亞州的一位我的顧客，正因為蓋一間辦公大樓需要一批磚，而所指定的磚的型號不是我們公司製造供應的，卻與我競爭對手出售的產品很類似。同時，我也確定那位滿嘴胡言的競爭者完全不知道有這筆生意機會。」

這使卡爾感到為難，是遵從牧師的忠告，告訴給對手這項生意的機會，還是按自己的意思去做，讓對方永遠也得不到這筆生意呢？

那麼到底該怎樣做呢？

卡爾的內心掙扎了一段時間，牧師的忠告一直在他心中。最後，也許是因為很想證實牧師是錯的，他拿起電話撥到競爭對手家裡。

接電話的人正是那個對手本人，當時他拿著電話，難堪得一句話也說不出來。卡爾還是禮貌地直接地告訴他有關弗吉尼亞州的那筆生意。結果，那個對手很感激卡爾。

卡爾說：「我得到了驚人的結果，他不但停止散佈有關我的謊言，而且還把他無法處理的一些生意轉給我做。」

心理學補給站

沒有永久的敵人，也沒有永久的朋友，只有永久的利益。對於昔日的對手，打擊報復只能為自己埋下更多的禍根，而善待我們的對手，不但能夠感化他們，還會為我們自己的事業掃除一定的障礙。

為對手鼓掌，化干戈為玉帛

當我們自己取得成功的時候總是興奮不已，希望有人為自己鼓掌。可是當你的對手，包括你的「假想敵」和「假想對手」取得成功的時候，你該怎樣去面對呢？是嫉妒還是欣賞？是大聲叫好還是不屑一顧？我們先看看下面的故事。

清末，黎元洪在湖北時，一直位於張彪之下。張彪是張之洞的心腹，娶了一個張之洞心愛的婢女，人稱「丫姑爺」。但張彪嫉賢妒能，對黎元洪十分反感，加之當時報紙亦讚揚黎元洪而貶低張彪，張彪心懷不滿，常在張之洞面前進讒言，詆毀黎元洪。

張彪在進讒言的同時，還以上級的職位百般羞辱黎元洪，想讓黎元洪不能忍受恥辱而離開軍隊。張彪的手法非常惡劣，曾經在軍中將黎元洪罰跪，並當著士卒的面，將黎的帽子扔在地上。黎元洪忍受著百般欺辱，不動聲色，臉上毫無怒容，張彪也對他無可奈何。然而，黎元洪亦非甘為人下者。他明知張彪欺侮自己，卻不與之爭鋒，而是「平斂鋒芒，海涵自負，絕不自顯頭角，以防異己者攻己之隙」。

張之洞任命張彪為鎮統制官，但軍事編制和部署訓練卻要黎元洪協助張彪。張彪不懂軍事，黎元洪嘔心瀝血，為之訓練。成軍之日，張之洞前往檢查，見頗有條理，就當面稱讚黎元洪，黎元洪卻稱謝說：「凡此皆張統制之部署，某不過執鞭隨其後耳，何功之有？」張彪聽了黎元洪這話，心中十分感激，二人關係逐漸融洽。

一九〇七年九月，張之洞任軍機大臣，東三省將軍趙爾巽補授湖廣總督。趙爾巽看不起張彪，要以黎元洪取代張彪，黎元洪堅辭不肯。

同時，黎元洪又面見張彪，告之此事，建議他致電張之洞，讓張之洞為其設法渡過難關。張彪一聽，心中大驚，立即讓其夫人進京活動，張之洞來函，才保全了他的職位。張彪對黎元洪十分感激，張之洞亦認為黎元洪頗有誠心。張之洞很看重黎元洪的「篤厚」，歎謂：「黎元洪恭慎，可任大事。」實際上，黎元洪心裡清楚，雖然張之洞已離開了湖北，但在北京當軍機大臣，仍可影響到湖廣總督的態度，如果黎元洪在張之洞離鄂之後，即取其寵將職位以自代，不但有忘恩負義的嫌疑，甚至會影響自己的前途。

更為重要的是，黎元洪透過「忍」以及幫助張彪，使張彪改變了對自己的態度，這樣，等於在湖北又添一個助手，有利於增強自己的實力，在關鍵時刻能夠幫自己的忙。

一九一一年十月上旬，瑞平出任湖廣總督，對黎元洪極不信任，但此時黎元洪與張彪關係早已改善，因此並未影響到黎元洪的官職。黎元洪故意為本有敵意的張彪較好，率先化干戈為玉帛，因而使眼前的牆變成了一條路。

成功的處世是要懂得欣賞你對手，為他叫好。尤其是你平日與他相處得很緊張、很不快樂的人成功了，這時候，你為他鼓掌，會化解對方對你的不滿和成見，改變他對你的態度，打開你們之間的死結，因而使他下次不再與你作對。

心理學補給站

事情往往就是這樣，你為對手大聲叫好，用力多鼓掌，這種付出不會讓你有什麼損失，反而能給你帶來很大的利益。成功的處世，就要懂得為對手叫好，這樣對手也會為你所用。

人情通達，首要條件就是「善解人意」

某市交警隊不久前做過一次「交警扮司機」的活動，那一天，數十名交警穿上便裝，「祕密行動」開起了計程車。一天中，他們受過乘客的氣，也有的違了規，實實在在地體驗了一下「司機大哥」們謀生的艱難與不易。另外，透過換位，他們也看到了自己執法過程中的確還存在著許多問題。

在人際交往時，人們不僅習慣於從自己的特定角色出發來看待自己和他人的態度與行為，而且還習慣於自我中心式的思維方式，因而引發出一連串的衝突和矛盾。如果大家都能從對方的角度去思考一下，都能將心比心地換位感受一番，那麼，許多衝突、矛盾就可以迎刃而解，這就是換位思考的積極作用。

真正的換位思考並不容易做到，其必然是一個「移情」的過程，要從內心深處站到他人的立場上去，要像感受自己一樣去感受他人。但多數人換位思考時獨獨缺乏最關鍵的「移情」要素，或是站在自己的位置上去「猜想」別人的想法及感受，或是站在「一般人」的立場上去想別人「應該」有什麼想法和感受，或是想當然地假設一種別人所謂的感受。這樣的換位思考，無法體驗他人真正的感受和思想，不僅無法起到積極的作用，反而可能弄巧成拙，引起他人的反感。

人情通達，首要條件就是「善解人意」。如果你不能站在對方的立場上為別人著想，就永遠不能交到真正的朋友，即使勉強自己去親近別人，也只是表面上的敷衍、應酬。久而久之，別人就能洞察你的客氣和笑容是虛偽的，如此一來，你刻意維繫的社交關係也不會長久。

心理學補給站

換位思考，就是要把自己設想成別人，站在別人的角度考慮問題。很多時候甚至需要暫時拋開自己的切身利益，去滿足別人。但其實，利益在很多時候是互相關聯的，你能考慮別人的利益，別人也會考慮你的利益。我們要學會「將心比心」。

想讓別人喜歡你，先要喜歡上對方

我們為什麼會喜歡那些喜歡我們的人呢？這是因為喜歡我們的人使我們體驗到了愉快的情緒，一想起他們，就會想起和他們交往時所擁有的快樂，使我們看到他們時，自然就有了好心情。而且，那些喜歡我們的人使我們受尊重的需要得到了滿足。因為他人對自己的喜歡，是對自己的肯定、賞識，表明自己對他人或者對社會是有價值的。

有心理學家曾做過這樣一個實驗：

讓被試「無意中」聽到一個剛與他說過話的夥伴告訴主試者喜歡或不喜歡他。接著，當這些同伴和被試者在一起工作時，被試者的面部表情會因他們聽到的內容而異。當被試者聽到同伴喜歡他們時，他們會比在聽到同伴不喜歡他們時在非言語表現上更積極。另外，後來的書面評定顯示，被喜歡的被試者比不被喜歡的被試者更多地被同伴吸引。

其他的研究也證明了相似的結果：人們對那些他們認為喜歡他們的人更積極，持更積極的態度。這就是喜歡的互逆現象。

對於喜歡的互逆現象，戴爾．卡內基很久以前就在著作《如何贏得朋友和影響他人》中提到，人們獲得友誼的最好方式是「熱情友善地稱讚他人」。但是，在我們為贏得他人友誼而不遺餘力地去讚美他人之前，我們需考慮一下情境，有時讚美並不一定能導致喜歡。

喜歡的互逆性規律也有例外發生，其中之一就是當我們懷疑他人說好話是為了他們自己時，別人的讚美並不會導致我們去喜歡他。此外，對那些自我評價很低的人來說，喜歡的互逆性也不會發生。因為他們可能認為喜歡他的人沒有眼光，並且因此而不去喜歡那些人。

在生活中，有很多這樣的情況，就是兩個人的相互喜歡是由一個人對另一個人單方面喜歡開始的。比如一個女孩開始時對一個追求她的男孩並沒有多少好感，但是這個男孩子表現出了對她特別喜歡的態度，使這個女孩久而久之也對這個男孩動心了，最後接受了他的追求。

當然，這個規律也不是絕對的。有時我們喜歡某個並不喜歡我們的人，相反，我們不喜歡的人有時卻很喜歡我們。我們只能說在其他一切方面都相同的情況下，人有一種很強的傾向，喜歡那些喜歡我們的人，即使他們的價值觀、人生觀都與我們不同。

心理學補給站

我們通常喜歡的人，是那些也喜歡我們的人。他不一定很漂亮，或很聰明，或者有社會地位，僅僅是因為他很喜歡我們，我們也就很喜歡他們。

對朋友知心，朋友也會對你知心

人之相識，貴在相知；人之相知，貴在知心。要想與別人成為知心朋友，就必須表露自己的真實感情和真實想法，向別人講心裡話，坦率地表白自己、陳述自己、推銷自己。

小敏是同宿舍中最擅長交際的一個，而且人也長得漂亮。但是同宿舍甚至同班的其他女孩都交到了男朋友，唯獨漂亮、擅長交際的小敏仍是獨自一人。

為什麼呢？她身邊的同學都表示，她太神祕，別人很難瞭解她。和她有過接觸的男同學也說，剛開始和她交往時，感覺她是個活潑開朗的女孩，但時間一長，就發現她很自私。原來，小敏一直對自己的私生活諱莫如深，也從不和別人談論自己，每當別人問起時，她就把話題岔開，怪不得同學們都覺得她神祕呢！

生活中有一些人是相當封閉的，當對方向他們說出心事時，他們卻總是對自己的事情閉口不談。但這種人不一定都是內向的人，有的人話雖然不少，但是從不觸及自己的私生活，不談自己內心的感受。

有些人社交能力很強，他們可以饒有興趣地與你談論國際時事、體育新聞、周遭八卦，可是從來不會表明自己的態度。而一旦你將話題引入略帶私密性的問題時，他就會插科打諢轉移話題。可見，一個健談的人，也可能對自身的敏感問題有相當強的牴觸心理。相反，有一些人雖不善言辭，卻總希望能向對方袒露心聲，反而能很快和別人拉近距離。

當自己處於明處，對方處於暗處，你一定不會感到舒服。自己表露情感，對方卻諱莫如深，不和你交心，你一定不會對他產生親切感和信賴感。當一個人向你表白內心深處的感受，你可以感到對方信任你，想和你達到情感的溝通，這就會一下子拉近你們的距離。

在生活中，有的人知心朋友比較多，雖然他（她）看起來不是很擅長社交。如果你仔細觀察，會發現這樣的人一般都有一個特點，就是為人真誠，渴望情感溝通。他們說的話也許不多，但都是真誠的。他們有困難的時候，總會有人來幫助，而且很慷慨。

而有的人，雖然很擅長社交，甚至在交際場合中如魚得水，但是他們卻少有知心朋友。因為他們習慣於說場面話，做表面工夫，交朋友又多又快，感情卻都不是很深。因為他們雖然說很多話，卻很少暴露自己的真實感情。

實際上，人和人在情感上總會有相通之處。如果你願意向對方適度袒露，總會發現相互的共同之處，因而和對方建立某種感情的聯繫。向可以信任的人吐露祕密，有時會一下子贏得對方的心，贏得一生的友誼。

小魚是某大學的研究生，剛入學不久，她就把同班同學給嚇到了。一天早上上課，課間，坐在前排的她轉過身和一位同學借筆記，還回去時筆記裡竟然夾了一張男生的照片，於是小魚打開了話匣子，跟後面的同學聊了起來，說那是她在火車上認識的新男友，正熱戀中。她從她和男友在哪兒租了房子、昨天買了什麼菜、誰做的晚飯，說到她如何如何幸福，甚至說到二人世界裡親密的小細節……

這樣的事情有很多，而且她經常不分時間場合隨便就跟別人講自己的一些私事。到後來，同學們一見到她就躲開了，大家都受不了她了。

由此可見在人際交往的過程中，自我暴露要有一個分寸，過度的自我暴露反而會惹人厭。在人際交往中，自我暴露應注意以下幾個問題：

1.自我暴露應遵循對等原則，即當一個人的自我暴露與對方相當時，才能使對方產生好感。比對方暴露得多，則給對方以很大的威脅和壓力，對方會採取避而遠之的防衛態度；比對方暴露得少，又顯得缺乏交流的誠意，交不到知心朋友。

2.自我暴露應循序漸進。自我暴露必須緩慢到相當溫和的程度，緩慢到足以使雙方都不感到驚訝的速度。若過早地涉及太多的個人親密關係，反而會引起對方的憂慮和不信任感，認為你不穩重、不敢託付，因而拉大了雙方之間的距離。

心理學補給站

真正的親密關係是建立得很慢的，它的建立要靠信任和與別人相處的不斷體驗。因而，你的「自我暴露」必須以逐步深入為基本原則，這樣，你才會討人喜歡，才能交到知心朋友。

幫助對方或接受對方幫助都要適當

不論是幫助別人，還是接受別人的說明，都需要把握一個界限，注意自己的態度。只有這樣，你提供幫助才會得到別人的感激，你接受幫助才會贏得別人的好感。

在機關裡工作的小孫是天生的交際人才，有事沒事，他愛到別的科室轉轉，工作不到一年，便與各個科室的人，大到最高處所的人，小到辦事人員，混得很熟。

此外，小孫與機關的局長關係也非同一般，只要他遇到什麼辦不了的事，跟局長一說，事就解決了。應該說，小孫的人緣也不錯，他待人熱情，樂於助人。遇到辦公室的同事有困難，他總是自告奮勇，常常還沒等別人開口請他幫忙，他就說：「小事一樁，我替你擺平！」同時，他為人也很隨便，常常讓同事幫他做事，對於別人給予的種種好處，他也總是來者不拒。就拿吃早餐這事來說吧，要是他早上沒東西吃，他會伸手向辦公室的人要，甚至跑到別的辦公室找吃的。在機關裡呼風喚雨，小孫感覺一直很好。

兩年後，辦公室的科長提升了，小孫作為候選人，參與考核，他想，自己要能力有能力，要關係有關係，這個科長是當定了。原來，同事給他打的分，遠遠低於他的對手。局長認為他還太年輕，群眾基礎還比較弱，只好放棄了讓他升任科長的想法。

民意調查結果說明了什麼？是同事以怨報德？還是小孫為人失敗？

仔細分析，應該是小孫不夠瞭解人心，以致為人失敗。要知道，一個人，如果從不幫助他人，很難有太大的成就。但是，如果說明的方式不對，也可能得不償失，對方非但不感激你，還怨恨你。什麼叫說明的方式不對？就是在幫助對方的時候，不夠委婉，傷害了對方的自尊心。這就是為什麼那些受過小孫太多恩惠的同事，內心反而不喜歡他。

也許，小孫給予同事幫助太多，滿足了自己的「虛榮心」，卻在無形中傷害了同事的「自尊心」。

一位交際廣泛的著名記者，曾經說過，他最大的敵人，都是那些得到過他幫助最多的人。人們通常認為，經常給別人一些殷勤的關心與幫助一定會贏得別人的好感。這種想法並不完全對。適當的幫助對彼此雙方都是有好處的，但是如果你對別人的幫助過了頭，使別人覺得自己軟弱無能，引發了他的自卑感，就會導致他為自己的「沒有出息」而苦惱。如果這種苦惱對他觸動太深，他就會把這種煩惱的原因歸結到讓他陷入這種處境的人，即幫助他的人身上，以「怨」報德，反而對幫助他的人心存芥蒂。

小孫一味地充好漢，做事太主動太張揚，還沒等別人提出請求，就說什麼「小事一樁，我替你擺平」，自然可能幫了人卻遭人恨。同事心裡也許會想：「有什麼了不起，不就多認識幾個人嗎？」「就你有能耐，什麼都是小事？！」

小孫還有一個問題，在接受別人的恩惠時太隨意。要知道，接受他的幫助也應適當，應講究一個「分寸」。如果對別人的幫助，我們一概地拒絕，不利於拉近彼此的距離。為什麼？因為適時地接受他人的幫助，可以讓他人有一種施惠於人的滿足感與成就感。也就是說，當請求他人賜予我們一些小恩小惠時，我們得到的不僅是小恩惠，還有他人的好感與親近。這也是為什麼我們有時需要主動請求他人給予我們一些恩惠。

鼎鼎有名的大外交家英皇愛德華七世，曾用盡他的手段去討好新任美國大使約瑟夫·喬特。在他們初次見面時，他就謙卑地請求喬特送麥金利總統和羅斯福總統的照片給他。

不過，如果反過來，我們要求太多，太隨便，也不好，那樣會讓對方心煩，讓人看不起。對方可能認為你能力太差，什麼都需要別人幫忙，或者認為你不把他當回事，隨便使喚。

心理學補給站

在幫助別人的時候，一定不要魯莽，而要講究方式，講究一個限度，不輕給、不濫給。這樣，既可以維護別人的自尊心，也可以給對方一種強烈的刺激，使他對你心存感激。

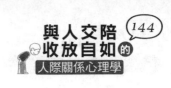

努力記住有關對方的小事

努力記住那些和對方有關的事情吧，一旦那些在對方看來微不足道的小事從你口中說出時，你就在無形中靠近了對方，獲得好感。

馬可·漢娜是當時世界聞名的美國政壇的風雲人物了。一八九六年，麥金利正是在漢娜的幫助下才順利當選為總統的，並且美國採用金本位制也正是由於他的堅持。無疑，馬可·漢娜在政治上有著非凡的影響力。儘管如此，年輕而驕傲的紐約商人、政治家威廉·比爾卻並不怎麼喜歡漢娜。在他看來，漢娜不過是個克里夫蘭的「紅髮妖魔」、是個「笨蛋」而已，總之，比爾對漢娜沒有好感。

然而，由於漢娜是共和黨的領袖，為了自己在政治路上能夠走得更遠，比爾不得不登門拜訪漢娜。即使如此，心中對漢娜仍然有說不出的反感。

出乎意料的是，比爾發現在整個交談過程中，漢娜從頭到尾都在講關於比爾的事情：關於比爾的父親，關於比爾對政綱的意見等。

漢娜說：「你來自俄亥俄州吧？你的父親是不是比爾法官？他是民主黨的……」當時，比爾簡直就覺得不可思議，漢娜竟然重視一個反對自己的人，將對方的一切瞭解得那麼清楚。就在比爾目瞪口呆的時候，漢娜又像是在和一位世侄交談一樣說：「嗯，你父親可是個非常厲害的角色，害得我幾個朋友在一次石油生意上損失了許多錢呢！」

在整個談話過程中，漢娜不時地講到許多關於比爾的小事，例如他那位伯父。就這樣，當談話結束的時候，比爾對於漢娜的反感已經煙消雲散了。幾天後，威廉．比爾甚至成了漢娜忠誠的支持者。在此後的幾年中，威廉．比爾最願意做的事情就是為自己曾經最厭惡的漢娜服務。

由此可見，在與人交往的過程中，努力記住對方的小事，並且在適當的時候讓對方瞭解你記住了關於他的事情，這能夠幫助你贏得對方的好感。

佩恩來享鋼鐵公司的創建人查理斯．什瓦普，也認為對他人懷有濃厚的興趣是獲得良好人際關係的一個竅門。

第一次世界大戰期間，查理斯．什瓦普被緊急任命為緊急裝備軍艦公司的老闆。為了提高軍艦的製造數量，他記住了當時火克島造船所所長的海軍司令喜歡澤西牛的癖好，然後他對這位海軍司令說：「如果你能把軍艦的製造數量從三十艘提高到五十艘，你將得到一頭『全美最棒的澤西牛』。」海軍司令聽後，視查理斯為知己，表示願意盡自己所能為查理斯效力。

由此可見，努力記住有關對方的事情，然後讓對方知道，能夠讓對方獲得一種被人重視、被人關注的心理滿足感，進而對你產生好感。並且，你所記住的事情越是微小、不起眼，當對方得知你記住了它們時，對方獲得的心理滿足感就越大，對你產生的好感也就越大。

以訪問大人物而聞名的新聞記者馬可森說：「當你將大人物們曾經說過的話複述出來的時候，他們的心情就會顯得格外的好，對你也會表現得格外友善。」

那些善於交際的人都十分明白這種策略所帶來的好處，他們總會在適當的時刻順便問一兩句對方的個人事情，以表示他們將對方正在做的事、對方的喜好記掛在心上，讓對方感覺這些小事他們早該忘記卻沒想到他們還掛在心上，因而讓對方的心理產生非常愉悅的感受，進而對他們產生好感。

心理學補給站

透過記住有關對方的小事來獲得對方的好感，是一個非常有效的社交心理策略，無論對方是大人物還是普通人，這個方法都同樣有效。

不揭對方傷疤，他不痛你也好過

暴露別人的隱私，對任何人來說，都不是令人愉快的事。不去提及他人平日認為弱點的地方，是懂得為人處世的表現。因為你不給相處的人造成傷痛，大家才能長期愉快相處，否則你自己也不好過。

威承長得高大英俊，在大學校園內有「戀愛專家」的稱號。如今他是一家外商公司的高級職員，英俊的長相和豐厚的薪水使他在眾多的女友中選上了貌若天仙的麗亞。也許是為了炫耀自己的能耐，威承帶著麗亞去參加朋友聚會。

就在大家天南海北閒談的時候，「快嘴」王換了話題，談起了大學校園羅曼蒂克的愛情故事，故事的主角自然是「戀愛專家」威承。「快嘴」王眉飛色舞地講述威承如何引得眾多女生趨之若鶩，又如何在花前月下與女生卿卿我我。麗亞剛開始還覺得新奇，但越聽越不是滋味，最後拂袖而去。威承只好撇下朋友去追麗亞。

「快嘴」王不是有意要揭威承的傷疤，但他的追憶往事確實使麗亞難以接受，無端捅出婁子。這不僅使威承要費不少周折去挽回即將失去的愛情，而且使在場的人心裡也都大不高興，自然也會影響到自己的人際關係。

在朋友聚會時，挑愉快的事說是活躍氣氛的好辦法，但口下留情很重要，千萬不要揭別人的傷疤，否則，你就會成為不受歡迎的人。說話應該謹言慎行，給語言的刀子加上一把鞘。

在中國素有所謂「逆鱗」之說，即使再馴良的龍，也不可掉以輕心。龍的喉部之下約直徑一尺的部位上有「逆鱗」，全身只有這個部位的鱗是反向生長的，如果不小心觸到這一「逆鱗」，必會被激怒的龍所殺。其他的部位任你如何撫摸或敲打都沒關係，只有這一片逆鱗無論如何也接近不得，即使輕輕撫摸一下也犯了大忌。

我們可以由此得知，無論人格多高尚、多偉大的人，身上都有「逆鱗」存在。只要我們不觸及對方的「逆鱗」就不會惹禍上身。所以說，所謂的「逆鱗」就是我們所說的「痛處」，也就是缺點、自卑感，針對這一點我們有必要事先研究，找出對方「逆鱗」

所在位置，以免有所冒犯。

然而，世間人的性格類型卻是千奇百怪。我們說左，他說右，那我們說右嘛，他偏又非說左不可，像這樣永遠和別人唱反調的人也不少。就算不至於如此偏激，但也有人總固執地堅持自己的立場，或自己的意見明明是少數意見，卻絕不接受他人的任何意見，也有人頑固地認定只有自己的做法和想法才是天底下最正確的。當然也有掩藏自己心底的企圖而試探對方的心意，不惜唯唯諾諾，奉承拍馬屁，迎合對方口氣，以探虛實的人。

心理學補給站

誰都明白，受傷的瘡疤不能摳，因為越摳越容易發炎，甚至會使傷口擴大。觸人痛處，猶如摳人瘡疤，其結果犯了人與人相處的大忌，得罪了別人，自己也撈不到什麼好處。

說話多給對方「同感」的理解

人與人之間情感的溝通，是交往得以維持並向更為密切方向發展的重要條件，是人對客觀事物所持態度的內心體驗。

情感溝通是由兩部分組成：一是「共鳴」，即對同一事物或同類事物具有相仿的態度及相仿的內心體驗；二是「振盪」，即由於「共鳴」而雙方情緒相互影響，以致達到一種比較強烈的程度。前者是找到共同語言，後者是掏出心來，心心相印。

所謂「同感」，就是對於對方所述，表示自己有同樣的想法和經歷。比如小倩以十分認真的語調告訴她的好朋友小虹，她想自殺。小虹不是去問她為什麼，也不板起臉孔說教一番，而是說：「是啊，我曾經也有過同樣的想法，記得是那天發生的一件事，使我看到了人為什麼要勇敢地活下去……」結果小倩就輕鬆地談起了她的煩惱與苦悶。小虹邊聽邊點頭，表示理解和關注。後來小倩不但勇敢地活下去，並且做出了成績。她和那位善解人意的小虹，友誼愈來愈深了。

要想達到與人情感溝通，就要注意對方。當對方對某一事物表露出一種情感傾向時，你就要對他所說的這件事表達同樣的感受，於是你們就談到一起了。

情感溝通的程度，以每當回憶起這段交往時，所導致的興奮程度為標準。比如，當你讀到友人來信中的下面這段話，你們的感情就不會變得冷漠。「不知怎麼的，你在上次談論中的言行舉止都留下深刻的印象，竟是那麼清晰動人。真的，我很高興與你一起度過了那個下午……」當對方聯想到這段交往時，就伴著愉悅的心境，則這種溝通也就達到了。

心理學補給站

情感的往返交流是自然的、真誠的，任何矯揉造作或誇張，都不能收到情感交融的效果。因為「同感」不是違心的附和，而是朋友間的理解，是心靈的溝通。

用小錯誤點綴自己

學會適當的用小錯誤點綴自己，往往能讓你更具有吸引力，更能在人脈圈中左右逢源。美國心理學家阿倫森發現，與十全十美的人相比，能力出眾但有一些小錯的人最有吸引力，是人們最喜歡交往的對象。這種現象就是「犯錯誤效應」。

阿倫森讓被試者看四個候選人的演講錄影，這四個人是：幾乎是一個完人；一個犯過錯誤的完人；一個平庸的人；一個犯過錯誤的平庸人。看完錄影後，讓被試評價哪一種人最具有吸引力。

結果表明，犯過錯誤、能力超眾的人被認為最有吸引力。幾乎是完人的人居於第二位，其次是平庸的人和犯過錯誤的平庸人。

這個著名的實驗很好地證明了生活中常見的一些現象：有一些看起來各方面都比較完美的人，卻往往不太討人喜歡；而討人喜歡的，卻往往是那些雖然有優點，但也有一些明顯缺點的人。

為什麼會這樣呢？這是因為，一般人與完美無缺點的人交往時，總難免因為自己不如對方而有點自卑。如果發現精明人也和自己一樣有缺點，就會減輕自己的自卑，感到安全，也就更願意與之交往。你想，誰會願意和那些容易讓自己感到自卑的人交往呢？所以，不太完美的人，更容易讓人覺得可親、可愛。

從另一個角度來看，世界上不可能存在真正完美、沒有缺點的人。如果一個人總是表現得很完美，倒很容易讓人懷疑其中有造假的成分。或者說，故意把自己表現得很完美，這本身恐怕就是一個不好的缺點。

而那些追求完美的人，一定活得比一般人更累，而且與他們生活在一起或合作的人，也容易因為被他們要求，而活得比較累。

有一位女孩，具有高學歷，長得也很漂亮，事業上也很有成就。她在各方面都對自己嚴格要求，在很多人眼裡，可以說是一位相當完美的人。當然她在擇偶方面的標準也相當高，稍有缺點的就看不上，覺得配不上自己。她覺得婚姻是終身大事，不能馬虎，寧可等著，也不能將就。結果，抱著這樣的觀念，一晃四十歲了還是孑然一身。她感到很奇怪，像她條件這樣好的人，為什麼不能被好男人發現呢？

其實她不知道，也許正是她的「完美」把許多男士嚇著了。每個人固然希望自己的對象能具有較多的優點，可是如果這個人真的十全十美，卻也讓人受不了。首先，會怕自己配不上對方；其次，因為對方要求高，你稍有缺點，他（她）就要求你改正，你肯定會活得很緊張、很累。如果讓人們選擇是活得累而完美，還是活得輕鬆而有缺陷，恐怕大多數人都會選擇後者。

心理學補給站

實際上，缺點和優點也要辯證地看。人是往往是因為他有這個優點，才導致他有另一個缺點。比如一個慷慨大方的人，可能也有大大咧咧、容易粗心的毛病；一個愛乾淨、處處完美的人，也容易顯得小氣和斤斤計較。很多時候，就看你選擇什麼，放棄什麼。往往你選擇一個優點，就必須放棄另一個優點。

關鍵時刻拉他一把

有成功，就有失敗；有得意者，就有落魄者。或許你昨天還是成功的典範，是一個意氣風發、春風得意的人，到了今天，你就可能由於某種原因而一貧如洗，變成一個普通的人，甚至是還不如普通人的落魄者……

在當今社會，這種現象並不罕見。落魄者的情況各不相同，有的是政治原因，有的是思想品德所致，還有的是工作失誤的結果。不管是主觀原因還是客觀原因，對於落魄者來說，從天上掉到地下，其痛苦心情可以想像。在這種際遇地位劇烈變化的情況下，不少人自慚形穢，覺得沒臉見人，也有的則更加自尊、敏感，對他人的態度往往異常關注。

從人生的角度來看，人不可能一帆風順，挫折、背時是難免的。當他落難的時候，雖然自己倒楣，但也是對周圍人們，特別是對朋友的考驗。遠離而去的可能從此成為路人，但同情、幫助其渡過難關者，將以雪中送炭般的恩惠將其直接吸引，同時，他也將感激你一輩子。正所謂莫逆之交、患難朋友，往往就是在困難時候形成的。這時形成的交情也往往最有價值，最讓人珍視。

有一個人因被小人誣陷而入獄，沒有人敢接近他。他的心情很苦悶，一度喪失了生活信心，動了自殺的念頭。這時他的一個部下，不怕受連累，主動來見他，給他送東西，並開導了他，甚至狠狠地罵了一頓他的輕生念頭，鼓勵他，指出他的前途是光明的。他終於堅持了下來。這個人後來洗刷冤屈出獄了，十分感謝他的這個部下，把他當成知己。這個部下得了重病，他把自己的全部積蓄拿出來給他看病，後來又把他接到自己家裡療養，可見莫逆之交感情之深。

「我不知道他那時候那麼痛苦，即使知道了，我也幫不上忙啊！」許多人遺憾地說。這種人與其說他不知道朋友的痛苦，不如說他根本無意知道。

人們總是可以敏感地覺察到自己的苦處，卻對別人的痛處缺乏瞭解。他們不瞭解別人的需要，更不會花工夫去瞭解；有的甚至知道了也佯裝不知，大概是沒有切身之苦、切膚之痛吧。

雖然很少有人能做到「人飢己飢，人溺己溺」的境界，但我們至少可以隨時體察一下別人的需要，時刻關心朋友，幫助他們脫離困境。

心理學補給站

別漠視那些落魄的朋友，伸出你的手，關鍵時刻拉他一把，你將會像磁鐵一樣吸住他一輩子。當朋友身患重病時，你應該多去探望，多談談朋友關心的或感興趣的話題；當朋友遭到挫折而沮喪時，你應該給予鼓勵：「這次失敗了沒關係，下次再來。」當朋友愁眉苦臉、鬱鬱寡歡時，你應該親切地詢問他們。這些適時的安慰會像陽光一樣溫暖受傷者的心田，帶給他們希望。

遠親不如近鄰

請你想一想：在你成長的過程中，誰是你最親近的朋友。多數情況下，他們可能是和你鄰近的孩子們。相同的現象也常發生在大學生宿舍裡。有研究者統計發現，許多大學生總是和最近宿舍裡的人最友好，和那些被安排住得最遠的人最不友好。更使人吃驚的是，類似的情況發生在更為親密的關係中，比如婚姻。例如，一個對三〇年代期間一個城市的結婚申請的研究顯示，有三分之一的夫妻由雙方住所相隔不超過五個街區的人組成，而且隨著地理上距離的增大，證書的數量下降。而且這些結果還不包括有百分之十二的人在婚前就有相同的位址。

上面的這些都說明，空間距離在決定友誼方面有著極大的影響。社會心理學家斯坎特、費斯汀格和巴克對住在綜合樓房裡的已婚大學生的友誼作了仔細、詳盡的研究。他們發現了在綜合樓中空間的特定結構和友誼發展的關聯性。

例如，他們發現友誼和相互間公寓的鄰近性有密切聯繫。住在一門之隔的家庭比住在兩門之隔的更可能成為朋友；那些住在兩門之隔的家庭比住在三門之隔的更可能成為朋友；以此類推。而且，住得離郵箱和樓梯近的人比住得離這類特色結構遠一些的人在整幢樓中有更多的朋友。

也許你會感到疑惑，這個鄰近性和吸引相關的事實是否是因為相互喜歡所以選擇彼此住近一些。然而，研究發現，鄰近性對喜歡有同樣的影響。例如，對被根據姓氏字母順序安排教室座位和房間的受訓員警的研究發現：兩個受訓者的姓氏在字母表上的順序越接近，他們就越有可能成為朋友。

顯然，鄰近性為友誼發展提供了機會，儘管它並不確保一定會發展友誼。為什麼鄰近性能產生喜歡？首先，鄰近的人低頭不見抬頭見，為了擁有一份美好的心情，人們不得不與鄰近的人搞好關係。其次，由於鄰近，由於熟悉，即使是簡單的人際互動也會提高我們對他人的好感。再次，根據交換理論，人們在互動過程中，總是希望以較小的代價換取最大的報酬，而鄰近性則滿足了這一要求。

西方心理學家最簡單的解釋認為「離得近的人比離得遠的人更有用」。但是鄰近性是否就一定具有人際吸引力呢？事情並不那麼簡單。我們知道，自己所喜歡的人往往是鄰近的人，而自己所厭惡的人也往往是鄰近的人。所以鄰近是吸引的必要條件，但不是唯一的條件，只有當鄰近的人具備了相互滿足需要這一條件，或者說，人們對鄰近者懷有好感時，鄰近性才會產生吸引力。

比如，同在一個單位工作的人，有的關係非常融洽，彼此默契配合，工作效率倍增；而有的關係則相當緊張，甚至到了有你無我的程度。這些都是在鄰近關係中時常發生的現象。但是，事情也是相對的，離開了具體的情境，離開了滿足需要這一人際關係的基礎，忽視了其他因素的作用，就會把鄰近性孤立起來而犯絕對化的錯誤。

知道了以上內容，如果你想有目的地接近某些人，引起對方注意，不妨考慮一下先成為他的近鄰。

心理學補給站

因為離得近，接觸的機會多，刺激頻率高，選擇朋友就比較容易。一個人和我們住得越近，我們就越能瞭解他，與他也就越能成為朋友。

幽默，讓對方更加向你靠近

在人際交往中，幽默是心靈與心靈之間快樂的天使，擁有幽默就擁有愛和友誼。幽默使生活充滿了情趣，哪裡有幽默，哪裡就有活躍的氛圍。

一個禿頭者，當別人說他「理髮不花錢，洗頭不費水」時，他當場變了臉，使原本比較輕鬆的環境變得緊張起來。一位演講的教授，也是一個禿頭，他在自我介紹時說：「一位朋友稱我聰明透頂，我含笑地回答：『你小看我了，我早就聰明絕頂了。』然後他指了指自己的頭說，「我今天演講的題目是外表美是心靈美的反映。」教授就這樣開始了自己的演講，整個會場充滿了活躍的氣氛。

同樣是禿頭，同樣容易受到別人的揶揄和嘲謔，為什麼不同的人得到的卻是別人不同的認可，其間的緣故就是沒有幽默感。幽默不僅反映一個人隨和的個性，還顯示了一個人的聰明、智慧以及隨機應變的能力。但需要注意的是，幽默既不是毫無意義的插科打諢，也不是沒有分寸的賣關子、耍嘴皮。幽默要在入情入理之中，引人發笑，給人啟迪。

生活中應用幽默，可緩解矛盾，調節情緒，促使心理處於相對平衡狀態。著名的喜劇大師卓別林曾說：「透過幽默，我們在貌似正常的現象中看不出不正常的現象，在貌似重要的事物中看不出不重要的事物。」

幽默並非天生就有，而是需要自己用心培養。那麼，怎樣培養幽默感呢？

一、首先要領會幽默的真正含義

幽默不是油腔滑調，也非嘲笑或諷刺。正如有位名人所言：浮躁難以幽默，裝腔作勢難以幽默，鑽牛角尖難以幽默，捉襟見肘難以幽默，遲鈍笨拙難以幽默，只有從容、平等待人、超脫、遊刃有餘、聰明透徹，才能幽默。

二、擴大知識面

幽默是一種智慧的表現，它必須建立在豐富的知識基礎上。一個人只有具有審時度勢的能力、廣博的知識，才能做到談資豐富，妙言成趣，因而做出恰當的比喻。因此，要培養幽默感，必須廣泛涉獵，充實自我，不斷從浩如煙海的書籍中收集幽默的浪花，從名人趣事的精華中擷取幽默的寶石。

三、陶冶情操

幽默是一種寬容精神的表現，要使自己學會幽默，就要學會寬容大度，克服斤斤計較，同時還要樂觀。樂觀與幽默是親密的朋友，生活中如果多一點趣味和輕鬆，多一點笑容和遊戲，多一份樂觀與幽默，那麼就沒有克服不了的困難，也不會出現整天愁眉苦臉、憂心忡忡的痛苦者。

四、培養敏銳的洞察力

提高觀察事物的能力，培養機智、敏捷的能力，是提高幽默感的一個重要方式。只有迅速地捕捉事物的本質，以詼諧的語言做出恰當的比喻，才能使人們產生輕鬆的感覺。

心理學補給站

在幽默的同時還應注意，重大的原則總是不能馬虎，不同問題要不同對待，在處理問題時要極具靈活性，使幽默為人們的精神生活提供真正的養料。

表達你的好感

人與人的溝通有時候並沒有想像中的那樣難，如果你願意表達自己的好感的話。認同別人，就是認同自己。表達你對別人的好感，就會贏得別人對你的好感。

在朋友圈中，瑞文是一個極有魅力的人，大家總會不知不覺地受他的影響。他走到哪裡，就會給哪裡帶來生氣與活力。當你講話時，他會全神貫注地傾聽，讓你感覺自他聽你說話的那一刻起，你就比以前更加重要了。

人們都喜歡接近他，願意與他在一起工作、學習和聊天。

一個陽光燦爛的秋日，冠良和瑞文坐在辦公室裡閒聊。忽然看見光哲向他們走來。

「討厭的人過來了，我可不想碰到他。」小明說著，想出去避開一下。

「為什麼？」瑞文問。

冠良解釋說：「到這個單位以來一直感覺和他關係不太好，我不喜歡他提出的一些問題，他也不滿意我所做的事情。「除此之外，」小明又說道，「那傢伙就是不喜歡我，跟我不喜歡他一樣。」

瑞文看著光哲，「看上去他沒有那樣討人厭煩啊，至少不像你說的那樣，或許你想錯了，」他說，「或許是你逃避他。你這樣做，只因為你害怕。而他可能也覺得你不喜歡他，因此他對你也就不那麼友善了。人們都喜歡那些喜歡自己的人，如果你對他表示好感，他就會以同樣的方式對待你，去跟他說說話吧。」

於是，冠良試著迎向前去，熱情地問候光哲剛過去的週末怎麼樣，是否過得愉快。光哲聽到冠良的問候，表現出十分驚奇的樣子。而此刻瑞文正看著他們，咧著嘴在笑。人都是喜歡聽一些表揚的話，讓自己高興的話，當然，這種表揚和高興不是那種有目的的拍馬之類的話語，不是那種有意美化別人的獻媚，而是實實在在地表達你的讚美，表達你的真誠。

表達你的好感，是人際交往的潤滑油，推動著人際關係向美好的方向發展。況且，這種表達不用投資，不需本錢，只要你發自內心的一個微笑，一個欣賞的眼神，一句輕輕的讚許，就行了。

又有人說：生活是一面鏡子。你對人生表達好感，人生回報給你的也必是一片好感。

心理學補給站

善待他人同時也是在善待自己。正像站在鏡子前一樣，你怒他也怒，你笑他也笑，一切取決於你的態度。朋友，不妨試試看，用感激去裝扮你的人生，點綴你的生活吧。試試看，從今天開始，多些感激，勇敢向他人表達你的好感吧！

PART 4

▸誘使他人吐露心聲的傾聽◂

心理學

注意「兩隻耳朵一張嘴」法則

許多人喜歡讓別人聽他說話，卻不太喜歡聽別人說話，如果你在無意中也存在這樣的情況，那麼請記得，上帝給了我們兩隻耳朵一張嘴。

在求職就業中，大多數人常犯的最大錯誤就是高談闊論，自我表白，「我」字不離口：「我想擔任這個職務，因為我有足夠的把握和勝任能力」，「我的需要是……」他們普遍缺少傾聽的耐心，很可能因此失去工作的機會。

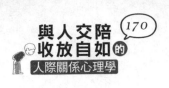

有一外商公司的經理到某大學去招募職員，他對二十多名大學生進行了反覆核查，從中挑選出了三名大學生進行最後的面試。其中有兩名大學生在經理面前，誇誇其談，炫耀自己的能力如何高、如何強，並提出一大堆的建議和設想。

而另一名學生則與他們相反，在面試時，一直耐心傾聽經理的見解和要求，很少插嘴，只有當經理詢問時，他才回答，而且很簡練，在面試結束時，他才委婉地說道：「我很重視您的要求，也非常贊同您的見解。如果我能被錄用的話，還望您今後多多指導。」

三天後，這位善於傾聽的大學生接到了錄用通知，而那兩位誇誇其談者則被淘汰了。

一般人在與別人交談時，大多數時間都是他在講話，或者他盡可能想自己說話。這種現象在推銷中表現得尤為突出，一般推銷員在推銷產品時，百分之七十的時間是他在講話或介紹產品，顧客只能得到百分之三十的講話時間。因此這樣的推銷員業績平平。而頂尖的推銷員，早就總結出了一條規律：如果你想成為優秀的推銷員，建議你把用於聽和說的比例調整為百分之七十的時間讓顧客講話，你傾聽；百分之三十的時間自己用來發問、讚美和鼓勵他說。這就是「兩隻耳朵一張嘴」法則。

傑爾．厄卡夫是美國自然食品公司的「推銷冠軍」。一天，他和往常一樣，把要推銷的蘆薈精的功能、效用告訴顧客，剛開始，女主人並沒有表示出多大的興趣。傑爾．厄卡夫立刻閉上嘴巴，開動腦筋，並細心觀察。

突然，他看到陽台上擺著一盆美麗的盆栽，他想到女主人應該非常喜歡那盆栽，於是便說：「好漂亮的盆栽啊！平常似乎很難見到。」

「你說得沒錯，這是很罕見的品種。它叫嘉德里亞，屬於蘭花的一種。它真的很美，美在充滿優雅的風情。」女主人一下子就打開了話匣子。

「確實如此。但是，它應該不便宜吧？」

「這個寶貝很昂貴的，一盆就要花八百美元。」

「什麼？我的天哪，八百美元！那每天都要給它澆水嗎？」

「是的，每天都要很細心地養育它……」

女主人開始向傑爾．厄卡夫傾囊相授蘭花的相關學問，而他也聚精會神地聽著。

最後，這位女主人一邊打開錢包，一邊說道：「就算是我的先生，也不會聽我嘀嘀咕咕講這麼多的，而你卻願意聽我說了這麼久，甚至還能夠理解我的這番話，真的太謝謝你了，希望改天你再來聽我談蘭花，好嗎？」

隨後，她爽快地從傑爾．厄卡夫手中接過了蘆薈精。

心理學補給站

在與別人交談時，若你發現自己的耳朵快關閉了，那麼請當機立斷，閉上嘴巴。

儘量引導對方多說

成功的人大多是社交專家，然而出色的社交家專並不是我們所認為的口若懸河。真正懂交往之道的都是運用語言的大師，他們深諳人們的心理，瞭解人人都有表現欲，於是讓對方多開口成了一條金科玉律。

著名的成功學大師卡內基先生曾說：「最出色的溝通藝術，是會聽而不是會講。」

實際上，所有人在心底都重視自己，喜歡談論自己，以及他們自己所關心的事，沒有人願意聽你嘮嘮叨叨地在那兒自吹自擂！

談論自己太多，而讓別人說得太少是許多人人際關係不夠好、人際網路不夠寬的重要原因。如果一個人說得太多，別人說話的時間就少了，你就無法知道什麼對他是重要的，贏得他人好感的辦法是什麼。只有自己少說、引人多說，才能激發別人與你互動的興趣，才能與之建立良好的關係。

如果引別人多說呢？「設問」是一大祕訣。設問，即使原本沒有疑問而自提自問，是明知故問。設問用得好，能引人注意，誘人思考，把談話內容變得更加吸引人。

聯邦自動售貨機製造公司的業務部要求所有的推銷員去從事業務時，都帶上一塊兩英尺寬三英尺長的厚紙板，紙上寫著：「要是我可以告訴您如何讓這塊地方每年收入三千美元，你會感興趣的，對嗎？」

當推銷員與顧客見面時，就打開紙板鋪在櫃檯或者合適的地方，引起顧客的注意與興趣，引導顧客去思考，因而轉入正題。這個方法讓該公司的市場不斷擴大。

心理學補給站

「設問」是溝通過程中一大利器，是接近那些難以接近的人的最好辦法。如果你想在你的生活與工作中，與需要建立關係但又很難相處的人交往，你可巧妙地設問，讓他們多多談論自己。要知道，人們在談論自己的時候，總是高興的、投入的，只要他們高興了，便容易與你形成互動。

從傾聽中抓住最有用的資訊

在人與人之間的交流中，「聽」是如此自然，以致於人們常常不把它作為一個話題來研究。有效傾聽似乎理所當然，雖然日常生活中有很多事例可以證明並不容易做到這一點，但人們並沒有意識到需要學習有效傾聽的方法，以致人們對傾聽的作用有所漠視。

人際溝通學認為傾聽和聽見並不是一回事。因為聽到只是你的聽覺系統接收到了聲音。很多人都能聽見聲音，但他們根本不能「傾聽」，也就是聽到並理解。比如，當你看書的時候，周圍會有各種聲音，你的聽覺系統會接收到聲音，但你未必會注意到這些。有時人們聽到聲音，並且「看起來」是在傾聽，而實際上他們只是對內在的聲音感興趣，這種現象就是「假聽」。

當然，傾聽的第一步就是聽見——聽覺器官接收聲音，然後人們注意這些聲音並將聲音組織為有意義的形式，也就是開始理解。我們並不經常理解注意到的聲音，比如人們聽到自己不瞭解的語言，就不能理解語言的含義。不過人們普遍認為只要聽到了聲音也就理解了聲音，這就是我們要談到的第二個誤解。

有的人認為注意聲音自然就會理解聲音。不過，想想你在聽到電影中的英語對話時，你就會明白，聽到並不意味著理解。你可以關注所有的聲音，但並不一定理解。「理解」就是將聲音重組為有意義的模式或形式。

交談中須徹底明白了對方想表達的資訊，才能順利進行。應在坦誠交談並表示瞭解後，才陳述自己的意見。倘若不遵守這個原則，可能會造成各說各話的情形，以致於談話不投機，有害人際關係。

然而，我們常因熱衷於談話而忽略了這個原則。雖然完全沒有惡意要搶先，卻會發生打斷對方講話的情形。比方說，對方正在提問題時，你打岔說：「是啊，我也正想提這點呢。」或者對方反問之際，你連忙矢口否認：「不！不！」

像這樣的談話方式，不僅容易引起對方不滿而且更重要的是，你根本沒有掌握最主要的資訊。應等候對方說完，再正式提出自己的意見才是。在表達本人看法前，必須用心體會言談之間的真實含義。

老王是某公司的老闆，他就是因此而人緣極佳。例如，星期一上班時，他看到職員曬黑了，便自然地做出揮網球拍的動作，兩人的話匣子就此打開。剛開始時，對方可能會不好意思而客氣地說：「其實我昨天收穫不錯。」不時還會露出得意的表示。如果職員是個釣魚迷，傾聽之後，回答的話就寓含鼓勵，不妨說：「現在釣魚不簡單吧？」或「一天能釣上一條草魚就不錯啦！」等，即使對方成績不理想也不會難為情。因為這無疑是暗示對方，現在天氣不佳，你能釣上一條，可稱得上是高手了。

由於老王是如此「會聽話」，大多數職員都樂於找他談話，他不但不厭煩，還會給予精神上的支援，難怪會大受歡迎。他就是以「聽話」增進與人的親密感。

心理學補給站

在工作上普遍受人歡迎的人，多是瞭解傾聽技巧的人。傾聽的作用不只是在於表示對對方的尊重，而且在於能抓住對方主要想表達的資訊，以給對方最準確、最喜歡的回應。

改變他人想法前，先做好的傾聽者

現實生活中，有時會出現這樣的情況，我們認為合理的事物，在對方的深層心理卻不認為如此。如果不先突破這層障礙，就無法進行說服工作。現在，我們先來看看在日常的說服工作中，先入之見及偏見是以何種形式表現出來的。

有兩位奔波在商業大潮中推銷床的推銷員，其中A推銷員是屬於能說能幹型的，而B推銷員則是少言寡語型的。然而，B有時會以讓A吃驚的方法成功地進行推銷。例如有一次，任何推銷員都無法說服的某肥料公司的老闆，B竟然讓他一下子買了六張床。他到底是用什麼方法說服這位老闆的呢？

原來，這位老闆患有嚴重的耳病，一般推銷員發現他聽力有困難之後，便放棄了。

但是看上去少言寡語的B卻不一樣，他放棄了口頭交談而改用筆談。筆談雖需要耐性和時間，卻說服了這位老闆一次買了六張床。

B以外的其他推銷員可能都有「既然是聾子，說了也沒用」這種先入之見。而從心理學的觀點來看，這位耳聾的老闆也會有「要警惕健康人，尤其是推銷員……」這種意識。因為耳聾，平日可能會有「我是個聾子，別人不會理我」，或「別人可能會利用我的缺陷來欺騙我」等猜測。

也就是說，從心理學的觀點來看，很多推銷員沒有消除這位肥料商人的先入之見和偏見，也沒有想到消除的辦法。但是，B推銷員在發現對方是耳病患者之後，沒有採取通常的推銷辦法，反而積極地採取了筆談的特殊方式，這不僅解決了向對方推銷產品的問題，而且還消除了對方可能持有的偏見或猜測之心。這種辦法對於說服那些有先入之見或偏見的人是很有效果的。

與此相關，要說服持有先入之見的對方的第二個重要問題，就是像B推銷員那樣採取特殊的、對方喜愛的交流方式或者在輕鬆的氣氛中讓對方暢所欲言、吐露心聲，即他的先入之見，然後再讓他進行客觀的認識。

通常，我們往往會以適合自己的方式說服對方，但對於已經有先入之見的人來說，這種交談方式的效果就不明顯。不僅如此，反而會使對方的態度變得生硬。這時應該放棄這種通常的說服方式，只有瞭解了對方的心理，才有可能消除他的先入之見，使他接受你的說服。

人們往往是透過自己的體驗或周圍的環境來判斷事物的好與壞、是與非的。因此，即使指出他的不對之處也很難消除他的先入之見。這些先入之見和偏見與有科學根據的判斷不同，它們在形成過程中常會加入自己的主觀認識，因此，在理論上多半靠不住，這也就使得這些觀念可以動搖的。

正如我們在前面所敘述的那樣，先入之見或偏見是由每個人狹隘的個人經驗所產生的，因此，如果能巧妙地讓對方感覺到這一點，讓他認識到「原來還有這樣的人」、「原來還可以這樣認為！」等，讓他具有寬廣的視野，那麼，就可以說說服工作已經成功了一半。因此，必須讓對方說出先入之見，並對此進行客觀的認識。

一位經驗豐富的記者曾說過，採訪的成功祕訣是「自己儘量少開口」。的確，對於初次見面的人，尤其是你不知道對方有什麼樣的先入之見和偏見，萬一說得不當，將會一無所獲。對有偏見的人進行採訪的技巧是讓對方說出先入之見的內容。

說服工作和採訪又有不同之處，如果只讓對方說出心裡話，並不等於說服。你必須不動聲色地讓他認識到自己的先入之見為什麼是錯誤的、錯在何處，要讓對方對其先入之見有客觀認識，最根本的事情是：要讓對方暢所欲言。

心理學補給站

說服專家戴爾．卡內基說過：「要說服一個人的時候，不能將他視為理性的動物，而應該將他視為感情的動物，他是充滿偏見與先入之見而與人處事的。」因此，要改變他人的想法，就要做一個傾聽者，讓對方暢所欲言，然後再做有針對性地說服。

好的傾聽就是一種說服

在人際交往中，盡可能少說而多聽。在我們身邊，經常會有這樣的人，他們喜歡多說話，總是喜歡顯示自己怎麼樣，好像他博古通今似的。這樣的人，以為別人會很服他們，其實，只要有點社會閱歷的人，都會不以為然。更聰明的人，或者說智慧的人，往往會根據自己的經驗，知道自己要是多說，必然會說得越多錯得也就越多，所以不到需要時，總是少說或者不說。當然，到了說比不說更有效時，我們一定要說。

「雄辯是銀，傾聽是金。」在銷售中，這句話就更有用處了。若是在給顧客下訂單時，對方出現了一會兒沉默，你千萬不要以為自己有義務去說些什麼。相反，你要給顧客足夠的時間去思考和做決定。千萬不要自作主張，打斷他們的思路，否則，你會後悔的。

日本金牌保險推銷大師原一平曾有這樣的推銷經歷：

他去訪問一位計程車司機，那位司機堅決認為原一平絕對沒有機會去向他推銷人壽保險。當時，這位司機肯會見原一平，是因為原一平家裡有一台放映機，它可以放彩色有聲影片，而這是那位司機沒有見過的。

原一平放了一部介紹人壽保險的影片，並在結尾處提了一個結束性的問題：「它將為你及你的家人帶來些什麼呢？」放完影片，大家都靜悄悄地坐在原地。三分鐘後，那位司機經過心中的一番激烈交戰，主動問原一平：「現在還能參加這種保險嗎？」

最後，他簽了一份高額的人壽保險契約。

在從事銷售時，有的推銷員腦子裡會有這樣一種錯誤想法，他們以為沉默意味著缺陷。可是，恰當的長時間的沉默不但是允許的，而且也是受顧客歡迎的。因為這可以給他們一種放鬆的感覺，不至於因為有人催促而做出草率的決定。

當顧客說「我考慮一下」時，我們一定要給予他充足的時間去思考，因為這總好過於：「你先回去吧，我想考慮好了再打電話給你吧。」別忘了，顧客保持沉默時，就是他在為你考慮了。相比較而言，顧客承受沉默的壓力要比我們承受的還要大得多。因此，讓顧客多沉默一會兒，傾聽對方的考慮吧。

如果你先開口的話，那麼你就面臨失去交易的危險。因此，在顧客開口決定之前，務必保持沉默，除非你想丟掉生意。

心理學補給站

在適當的時候，讓我們的嘴巴休息一下吧，多聽聽他人的話。當我們滿足了對方被尊重的感覺時，我們也會因此而獲益的。

聽完對方的基本主題再插話

插話是一件很難做的事，稍微把握不好時機，就會堵了別人的話頭，這樣很容易遭人厭惡。所以，最好先注意聽別人說話，等到他說的一個主題基本完了，這個時候再插話。

萬事都有忌，有需要把握分寸的地方。許多人過分相信自己的理解和判斷能力，往往不等別人把話說完就中途插嘴，這種急躁的態度，很容易造成損失，不僅弄錯了問話意圖，中途打斷對方，還有失禮貌。不錯，在別人說話時一言不發也不好，對方說到關鍵的時刻，說完後，你若只看著對方而不說話，對方會感到很尷尬，他會以為沒有說清楚而繼續說下去。

老張在鎮上蓋了一間三層的樓房，當該房子的第三層剛封頂時，幾個朋友在他家吃飯。席間，突然來了一位專門安裝鋁合金門窗的業務員，與老張一見面就遞了張名片。其實這位公司的店鋪也在本鎮，雖和老張平時見過幾次面，但因沒有業務往來，他們都不認識。後經與那業務員交談，他們彼此覺得非常熟悉。輪到老張做決定是否將鋁合金門窗的業務讓這公司做時。老張說：「雖然我們以前不認識，但透過我們剛才的一席話，得知你對鋁合金門窗安裝的經驗豐富，假如我房子的門窗讓你來安裝，我相信你能安裝，也相信你能做得很好。但是在你今天來之前，我們廠裡一名門窗工人已向我提起過，門窗安裝之事讓他來做……」

老張的話還未說完，那個業務員便插話了：「你是說那東跑西走的小李吧？他最近是給幾家安裝了門窗，但他那『手工』式的做法怎能與我比？」

這話不說還好，一說便讓老張頓時改變了主意，接著說：「是沒錯，他儘管是手工作業，沒有你那先進的設備，但他目前資金不夠豐厚，只能這樣慢慢完善，出於同事之間的交情，我不能不讓他做！」

就這樣，那個業務員只得怏怏離開了。

之後老張對我們說：「那業務員沒聽懂我的意思，把我的話給打斷了。本來，我是暗示他，做鋁合金門窗的人很多，不止他一個上門來請求安裝。我已打聽到了他做門窗已多年，安裝熟練，且很美觀，但他的報價很高，我只是想殺他的價格，可是他的一番言語甚至攻擊了我同事小李的人品，我寧願找別人，也不要讓他來安裝我的門窗。」

一個精明而有教養的人與人交談，即使對方長篇大論地說個不休，也絕不會插嘴，這說明打斷他人的言談，不僅是不禮貌的事，而且什麼事也不易談成。同時，你還應注意一點，不要靜悄悄地站在他們身旁，好像在偷聽一樣。你要盡可能找個適當機會，禮貌地說：「對不起，我可以加入你們嗎？」或者大方地、客氣地打招呼，叫你的朋友介紹一下，就能很自然打破這個情況。千萬不要打斷他們的話題，以免出現尷尬的氣氛。

心理學補給站

在別人說話時，我們不能只聽到一半或只聽一句就裝出自己明白的樣子。我們提倡在聽別人說話時，要不時做出反應，如附和幾句「是的」等話語，這樣既讓說者知道你在聽他說，又讓他感覺你在尊重他，使他對你產生濃厚的興趣。

恰到好處的沉默勝於雄辯

雄辯如銀，沉默是金。在我們的生活、工作中，有些時候確實是沉默勝於雄辯。與得體的語言一樣，恰到好處的沉默也是一種語言藝術，運用好了常會收到「此時無聲勝有聲」的效果。

在人際交往中，恰到好處的沉默往往能收到比較好的溝通效果。比如，親人依依惜別，知己久別重逢，在這種悲歡離合、百感交集的時刻，他們往往不是萬語千言，互訴衷腸，而是「默默無語兩眼淚」，似乎只有沉默才能表達出他們此時此刻的百轉柔腸。再有，熱戀中的情人，花前月下，相依相偎，深情繾綣，彼此卻默默無語，只能聽到戀人的心跳，此刻是兩顆心兒在互訴衷情，任何甜言蜜語的表白只能是多餘的和蹩腳的。

日本海軍偷襲珍珠港得手後，儘管美軍損失慘重，太平洋艦隊幾乎全軍覆沒，但是在一些美國議員之中，還有為數不少的議員反對美國向日本宣戰。

當時羅斯福已經將局勢分析得十分明朗，他明白如果不趁日軍立足未穩時發動戰爭，等到將來會變得異常艱巨。同時，他也明白那些持反對態度的人的想法。一戰中，美國在最後階段才參戰，而且戰爭沒有在美國本土進行，反而美國因一戰而大發其財。所以，現在美國一旦參戰，國內經濟必受影響，同時戰爭的勝負很難預料。如果戰事對美國不利，到時如何收場？

羅斯福明白這些人的憂慮，但他以政治家的眼光覺察出這些擔憂是毫不必要的，所以他決定：美國必須參戰。

在一次會議上，當大家為戰還是不戰而爭論不休時，羅斯福突然要站起來，因為他雙腿殘疾，所以平常總以車代步。當他掙扎著要從車上站起來時，兩名白宮的侍從慌忙上前想幫他一把，但讓人意想不到的是羅斯福憤怒地將他們推開。

於是，在眾人驚訝的目光中，羅斯福搖搖晃晃地掙扎著，從椅子上緩緩地站了起來。然後他滿臉痛苦卻倔強地堅持站著，默默地看著周圍的人，一言不發。

全國的電視觀眾都看到這一畫面，他們感動了，是呀，有什麼困難是不能克服的？

於是，國會很快做出決議：對日宣戰。

沉默是金並不是說人應該閉口不言，而是要言默得當，當說則說，不當說則三緘其口。懂得說話藝術的人非常明瞭這一點，真正做到了言默自在心頭。這是因為他們掌握以下三項原則：

1.該說的對象便說，不該說的對象則不說——如有需要求人之事，遇到肯熱心幫忙的人則說，否則便不能說；有些事遇到有性格沉穩之人可以說，遇上是非多端的人則不能說；對於性格靦腆的人不要亂開玩笑；對於有生理缺陷的人不要涉及相關的話題；對於妒忌心強的人不要談論自己和別人的成就；對於異性不要有容易引起誤會的措辭。

2.該說的事情便說，不該說的事情則不說——可以談眾所周知之事，不能談別人的隱私；背後可以談別人的優點，不可談別人的過錯；可以談既成的事實，不可空談今後的打算；可以談對方感興趣的事，不可談對方忌諱的事。

3.該說的時候便說，不該說的時候則不說——在對方心情舒暢時可以談求助之事，在對方心煩意亂時則不談；在對方情緒低落時可以談令對方振作之事，遇對方興致很高時不可談令對方掃興之事；在對方喜慶的日子不談不吉利之事，在對方哀傷的時候不談惹人歡笑之事。

心理學補給站

有些人說話態度很積極，但發表意見時不免有些偏頗，令人難以接受，若直截了當地駁回，又易挫傷其積極性，循循誘導又費時，精力也不允許，最好的辦法便是毫無表情的緘默。

適時附和及動作更容易討人歡心

行動勝於語言。身體的每一部分都可以顯示出激情、讚美的資訊，可增強、減弱或躲避、拒絕資訊的傳遞。精於傾聽的人，是不會做一臺沒有生氣的答錄機的，他會以一種積極投入的狀態，向說話者傳遞「你的話我很喜歡聽」的資訊。

不是每個聽力正常的人都會聽，這裡所說的聽是傾聽，是對說者表現出了極大的注意的聽。有人做過這樣一個實驗，來證明聽者的態度對說者有著極大的影響。

首先，讓學生表現出一副心不在焉的樣子，結果上課的教授照本宣科，不看學生，無強調，無手勢；其次讓學生積極投入——傾聽，並且開始使用一些身體語言，比如適當的身體動作和眼睛的接觸。結果教授的聲調開始出現變化，並加入了必要的手勢，課堂氣氛生動起來。

由此看出，當學生表現出一副心不在焉的樣子，教授因得不到必要的反應而變得滿不在乎起來。當學生改變態度，用心去傾聽時，其實是從一個側面告訴教授：你的課講得好，我們願意聽。這就是無聲的讚美，並且達到了積極的效果。

從上面的例子也可以看出，傾聽時加入必要的身體語言，是非常有必要的。

俗語說，「眼睛是心靈的視窗」。適當的眼神交流可以增強聽的效果。這種眼神是專注的，而不是游移不定的；是真誠的，而不是虛偽的。發自靈魂深處的眼神是動人心魄的。

同時傾聽者必須做一些「小動作」。身體向對方稍微前傾，表示你對說者的尊敬；正向對方而坐，表明「我們是平等的」，這可使職位低者感到親切，使職位高者感到輕鬆。自然坐立，手腳不要交叉，否則讓對方認為你傲慢無禮。

傾聽時和說話人保持一定的距離，恰當的距離給人以安全感，使說話者覺得自然。動作跟進要合適，太多或太少的動作都會讓說者分心，讓他認為你厭煩了。正確的動作應該跟說話者保持同步，這樣，說話者一定會把你當做「知心愛人」。

傾聽並不意味著默默不語，除了做一些必要的「小動作」外，還得動一動自己的嘴。恰當的附和不但表示了你對說者觀點的讚賞，而且還對他暗含鼓勵之意。

當你對他的話表示贊同時，你可以說：

「你說得太好了！」

「非常正確！」

「這確實讓人生氣！」

這些簡潔的附和讓說話者為想釋放的情感找到了載體，表明了你對他的理解和支持。同時，聽者還可以用一些簡短的語句將說者想傳達的中心話題歸納一下，能夠使說者的思想得以凸顯和昇華，同時也能提高聽者的位置。

另外，我們還可以向說話者提一些問題。這些提問既能表明你對說者話題的關注，又能使說者說出欲說無由的得意之言。

學會傾聽其實是讚美藝術的第一步。我們要讚美別人，首先得有讚美的依據。那些沒有根據子虛烏有的讚美只能引起對方的反感。而聽就是我們獲取讚美所需的依據的必要手段。入神地傾聽本身就是一種讚美。它能使我們更好地理解別人，有助於克服彼此間判斷上的傾向性，有利於改善交往關係。在入神的傾聽別人談話時，你已經把你的心呈現給對方，讓對方感受到了你的真誠。

心理學補給站

入神的傾聽並在適當時間附和有利於對方更好地表達自己的思想和情感。在對方明白我們的傾聽是對他的尊重以後，他同樣會認真地聽我們說活，這樣我們的讚美才能產生良好的效果。

將心比心，啟發對方點頭

從心理學角度，說服的最佳效果是雙方達成共識，而啟發對方進行心理位置互換，讓對方設身處地體驗別人的心理。主動調整自己的態度和行為方式，則是達到這一目的行之有效的方法之一，這種方法就是將心比心術。

小紅與小劉結婚還生了個女兒，後來重逢昔日的戀人，小紅欲重修舊好，卻舉棋不定，於是向奶奶尋求幫助。

「妳的事，奶奶全知道，如今妳打算怎麼辦！」

「不知道，我……我說不出來……」

「奶奶知道你委屈，可是，人，誰沒有委屈呀。我二十四歲那年，妳爺爺就犧牲了，本家本村的都勸我再找個老公。妳曾爺爺跟我說：『女兒，未來還長著呢，往前去一步吧。』我不願給孩子找個後爹，硬是咬著牙過來了。兒子一個個長大了，參了軍，又一個個地犧牲了，可是我沒在人前掉過一滴眼淚。人活著，就是為了別人，去受苦，去受難，天底下哪有那麼多幸福？要說委屈，就先委屈一下自己吧！」

「可是我以後的路該怎麼走啊？」

「做人哪，前半夜想想自己，後半夜想想別人。妳和那個小夥子倒是挺般配的，可是就算你倆在一起了，日子過得挺舒心的，妳就保證早晚不想小劉他們父女？那時，妳雖吃著蜜糖，卻忘不了人家在喝苦水。妳甜在嘴上，苦在心裡。甜的苦的一摻和，一輩子都是塊心病。我今年八十歲了，什麼苦都嘗遍了，沒做過一件虧心事。俗話說，『人』字好寫，一撇一捺，真正做起來就難了！」奶奶說的話句句動人心。

「奶奶，我懂了。」

小紅擦了擦眼淚，說，「我今天就回家去帶孩子，安心過日子。」

奶奶的勸說語重心長，而且，她用通俗的語言，站在對方的立場上，設身處地為孫女分析情況，因而使孫女做出了正確的選擇。

用語言做假設，可達到將心比心的目的；也可用實際的行為現身說法，讓對方體驗別人的心理，進而對自己的言行進行調整，同樣可達到將心比心的目的。

某商店有位營業員很會做生意，他的營業額比一般營業員都高，有人問他：「是不是因為能說會道，所以生意興隆？」

他回答說：「不是，我的祕密武器是當顧客是自己人。」他總是站在買者的立場上替顧客精打細算，現身說法，使對方的戒備心理、防範心理大大降低，而且產生了認同感，故而說服對方，做成了生意。

將心比心術是站在對方的角度謀劃和考慮，理解對方的心理、對方的需求、對方的困難，因此這種說服方法容易使對方接受，並能達成統一認識。永遠站在別人的立場去想，並從對方的觀點去看事物的趨向，如果你學會這樣一件事，那就不難成為你一生事業的一個關鍵。

要說服對方贊同你的觀點，你必須與說服對象站在一起，兩者的關係越融洽，說服越容易取得成功，因為人類有一個共同的天性，即喜歡聽「自己人」說的話。美國紐約市立大學的心理學教授哈斯也說過：「一個釀酒專家也許能給你許多理由為什麼某一種牌子的啤酒比另一種牌子的要好，但如果你的朋友，不管他對啤酒是否在行，教你選購某種啤酒，你很可能聽取他的。」

心理學補給站

在具體行動上，甚至是些微不足道的方面，在感情上表現出與你的聽眾的親近感與認同感，往往會使你得到巨大的感情回報和共鳴。一旦建立了這種感情共鳴，就不需要任何苦口婆心地勸誡與說服。

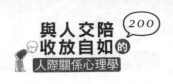

心領神會，替別人遮掩難言之隱

生活中，我們經常會遇到這樣一些人，他們有一些難以啟齒的想法，或者是為自己做了一件不光彩的事情而悔恨，或者是因為尋求幫助而不得，這個時候，你就要做一個善解人意的人，看透了他人的這些想法也不要說出來，或者以巧妙的方式幫他們遮掩過去也是種明智之舉。

每個人都有難言之隱，包括平時那些高高在上的人。這時，作為一個旁觀者要善於心領神會，替人遮掩難言之隱。這也不失為一種高明的做人之道。我們經常會遇到這樣的人，心裡想到了一些事情，當不小心說出來，更不知道如何去做了。這個時候，你需要善解人意地去解圍。這是一種做人的技巧，需要平時細心留意，學會觀察生活。衝突

時給別人台階，也是給自己台階

在與人發生衝突時不說絕話，能表現一個人寬容大度的高尚品格。在正常情況下，人們的度量大小是很難表現出來的。而當與別人發生了衝突，使你難以容忍的時候，能否容人，就能表現得一清二楚了。這時只有那些思想品格高尚的人，才會保持頭腦清醒，做出寬容的姿態，不把話說絕，避免兩顆本已受傷的心再受到進一步的傷害。

事實上，發生衝突後，雙方一定誰心裡都不痛快，很容易失態，口出惡言，把話說絕了。這樣的痛快只能是一時的，受傷害的是雙方長遠的關係和自己的聲譽。所以，即使有了再大的問題，我們也應該把握住一點，就是不把話說絕，給對方，也給自己一個台階下。

一位顧客在商場裡買了一件外衣之後，要求退貨。衣服她已經穿過一次並且洗過，可是她堅持說「絕對沒穿過」，要求退貨。

售貨員檢查了外衣，發現有明顯的乾洗過的痕跡。但是，直截了當地向顧客說明這一點，顧客是絕不會輕易承認的，因為她已經說過「絕對沒穿過」，而且精心地偽裝過。於是，售貨員說：「我很想知道是否你們家的某個人把這件衣服錯送到乾洗店去過，我記得不久前在我身上也發生過同樣的事情。我把一件剛買的衣服和其他衣服堆在一塊，結果我丈夫沒注意，就把這件新衣服和一堆髒衣服一股腦地塞進了洗衣機。我覺得可能您也會遇到這種事情，因為這件衣服的確看得出洗過的痕跡。您不信的話，我們可以跟其他衣服比一比。」

顧客心虛，知道無可辯駁，而售貨員又為她的錯誤準備了藉口，給了她一個台階下。於是，她順水推舟，乖乖地收起衣服走了。

有的人會說：「發生衝突，我就打算和他絕交了，把話說絕了又怎麼樣？」真是這樣嗎？要知道，暫時分手並不等於絕交。友好分手還會為日後可能出現的合好埋下伏筆。有時朋友間分手絕交並非是彼此感情的徹底決裂，而是因一時誤會造成的。如果大家採取友好分手的方式，不把話說絕，那麼，有朝一日誤會解除了，很可能重歸於好，使友誼的種子重新綻放出絢麗的花朵。在這方面不乏其例。

十七世紀初，丹麥天文學家第谷．布拉赫和德國的天文學家開普勒共同研究天文學，兩個人建立了親密的友誼。後來，由於開普勒受妻子的教唆，丟下研究課題，離開了第谷。然而第谷並沒有因此而指責開普勒，還寬大為懷，寫信做解釋。不久，開普勒終於明白自己誤聽了讒言，十分慚愧，寫信向第谷道歉，並回到已病重的第谷身邊。兩個人言歸於好，再度合作，終於出版了《魯道夫星表》，使他們的名字得以載入科學史冊。

從這個事例可以看出，他們之所以能恢復友誼並共同做出成就，是與當時採取友好分手方式有直接關係的。所以說，不把話說絕實在是一種交際美德，值得提倡。

心理學補給站

有的人一和別人發生衝突就謾罵指責，與人反目為仇，把話說得很絕以解心頭之恨。這樣做痛快倒是痛快，但他們沒有想到，在把別人罵得狗血噴頭的同時，也就暴露了自己人格上的缺陷。人們會從這樣的情景中看到，他對別人居然如此刻薄，如此不留情面，翻臉不認人，因而會離他遠遠的，以免惹「禍」上身。

遭遇尷尬，要給他人台階下

交際高手，在別人遭遇窘境的時候，不但會儘量避免因自己的不慎而使別人下不了台，而且還會在對方可能不好下台時，巧妙及時地為其提供一個「台階」。這是因為他們在幫助別人「下台」時，掌握了恰當的方法。

一、順勢而為送台階

依據當時當場的勢態，對對方的尷尬之舉加以巧妙解釋，使原本只有消極意味的事件轉而具有積極的含義。

全校語文老師來聽王老師講課，想不到校長也光臨「指導」，這下可使小王難過了。他既怕課講得不好，又憂慮有的學生答問題時表現不佳，有失面子。

課上，他重點講解了詞的感情色彩問題。在提問了兩位同學取得良好效果後，接著提問校長「公子」：「請你說出一個形容隔壁同學的美麗的詞或句子。」

或許是課堂氣氛緊張，或許是嚴父在場，也可能兼而有之，這位公子一時語塞，只是站著，空氣凝固。王老師和校長都現出了尷尬的臉色。瞬間，這位老師便恢復正常，隨機應變地講道：「好，請你坐下，同學們，這位同學的答案是最完美的，他的意思是說這個人的美麗是無法用文字和語言來形容的。」聽課者都發出了會心的微笑。

這一妙解為校長「公子」尷尬的「呆立」賦予了積極的意義，使他順利下了台階，而王老師本人和校長也自然擺脫了難堪。

二、揮灑感情造台階

故意以嚴肅的態度面對對方的尷尬舉動，消除其中的可笑意味，緩解對方的緊張心理。

第二次世界大戰時，一位德高望重的英國將軍舉辦了一場祝捷酒會。除上層人士之外，將軍還特意邀請了一批作戰勇敢的士兵，酒會自然是熱烈隆重。沒想到一位從鄉下入伍的士兵不懂酒席上的一些規矩，捧著面前一碗供洗手用的水喝了，頓時引來達官貴人、夫人、小姐的一片譏笑聲。那士兵一下子面紅耳赤，無地自容。此時，將軍慢慢地站起來，端起自己面前的那碗洗手水，面向全場貴賓，充滿激情地說道：「我提議，為我們這些英勇殺敵、拼死為國的士兵們乾了這一碗。」說完，一飲而盡，全場為之肅然，後來人人均仰脖而乾。此時，士兵們已是淚流滿面。

在這個故事裡，將軍為了幫助自己的士兵擺脫窘境，恢復酒會的氣氛，採用了將可笑事件嚴肅化的辦法，不但不譏笑士兵的尷尬舉動，而且將該舉動定性為向殺敵英雄致敬的嚴肅行為。鄉下士兵不但尷尬一掃而盡，而且獲得了莫大的榮譽，成為在場的焦點人物。

心理學補給站

人人都有下不來台的時候。學會給人台階下，既可以緩解緊張難堪的氣氛，使事情得以正常進行，又能夠幫助尷尬者挽回面子，增進彼此的關係。要達到這樣的目的，我們應學會使用以上技巧。

講道理時最好打個比方

譬喻是用具體的、淺顯的、熟知的事物去說明或描寫抽象的、深奧的、生疏的事物的一種手法。說理中，取喻明顯，把精闢的論述與摹形狀物的描繪融為一體，既能給人以哲理上的啟迪，又能給人以藝術上的美感。

周定王九年（西元前五九八年），南國霸主楚莊王興兵討伐殺死陳靈公的夏徵舒。楚師風馳雲卷，直逼陳都，不日即擒殺了夏徵舒，隨即將陳國納入楚國版圖，改為楚縣。楚國的屬國聞楚王滅陳而歸，俱來朝賀，獨有剛出使齊國歸來的大夫申叔時對此不表態。楚王派人去批評他說：「夏徵舒殺其君，我討其罪而戮之，難道伐陳錯了嗎？」

申叔時要求見楚王當面陳述自己的意見。申叔時問楚王：「您聽說過『蹊田奪牛』

的故事嗎？有一個人牽著一頭牛抄近路經過別人的田地，踐踏了一些禾苗，這家田主十分生氣，就把這個人的牛給奪走了。這件事如果讓大王來斷，您怎麼處理？」莊王說：「牽牛踐田，固然是不對，然而所傷禾稼並不多，因這點事奪人家的牛太過分了。若我來斷，就批評那個牽牛的，然後把牛還給他。」

申叔時接過楚王的話說：「大王能明斷此案，對陳國的處理卻欠推敲。夏徵舒弒君固然有罪，但已立了新君，討伐其罪就行了，今卻取其國，這與奪牛的性質是一樣的。」楚王頓時醒悟，於是恢復了陳國。

心理學補給站

在說服他人的過程中，借喻說理會使本身摸不到、看不見的語言變得生動而富有感性，大大提高語言的說服力。講道理以打比方為輔助，有很多好處，一是比較含蓄委婉；二是比喻曉理，道明理通；三是如此說話，較有美感。因此，說服他人時不妨採用適當的比喻，既對說服有很大效用，又能表現一個人說話的藝術感。

從對方得意的事說起

說服並非難事，關鍵在於怎樣讓對方接受你。一般被說服的對象都會對前來說服的人有所排斥和提防。從對方得意的事談起，令對方心花怒放，自然也會拉近彼此的距離，使你更容易說服他。

你在說服的時候要注意技巧，表示敬佩，但不要過分推崇，否則會引起他的不安。對於這件事情的關鍵要慎重提出，加以正反兩方面的闡述，使他認為你是他的知己。到了這種境地，他自然會格外高興，會親自講述，你應該一面聽，一面說幾句表示讚賞的話，如此一來，他會變得和藹可親，你再利用這個機會，稍稍暗示你的意思，進行試探，作為第二次進攻的基點。這不是失敗，而是你說服他的初步成功，對於涉世經驗不豐富的人，得此成績，已不算壞。若想一舉成功，除非對方與你素有交情，又正逢高興的時候，而且你的談吐又是很容易令人接受的，否則千萬不要存此奢望。

關於對方得意的事情，試著在你的朋友之中找一下有否與對方交往的人，如果有，向他探聽當然是最容易的。此外，隨時留心交際場合中的談話，這些時候談到對方得意的事情也是很平常的。但是必須注意，對方得意的事情是否曾遭到某種打擊而消滅，如有這種情形，千萬別再提起，以免引起對方不快。在對方高興的時候，你的請求易於被接受；在對方不高興的時候，即使極平常的請求也會遭到拒絕。比如對方新完成了一筆生意，你稱讚他目光精準，手腕靈活，引得他眉飛色舞，乘機稍示來意，也是好機會。諸如此類的例子很多，全在於你隨時留心，善於利用。

還要注意的是，當你提出請求時：第一，要看時機是否成熟；第二，說服過程中要不卑不亢。過分顯出哀求的神情，反而會引發對方藐視你的心理。儘管你的心裡十分著急，但說話表情還是要大方自然，並且要說出為對方著想的理由來，而不是為你自己打算。

心理學補給站

生活中，每個人都有自己認為得意的事情，這事情的本身究竟有多大價值是暫且不提，在他本人看來，卻認為是一件值得終生紀念的事。你如果能預先打聽清楚，在有意無意之間，很自然地講到他得意的事情，只要他對你沒有厭惡的情緒，只要他目前沒有其他不如意的事情，在情緒正常的情況下，他一定會高興地聽你說的，此時說服他也就容易得多了。

適當沉默能獲得信賴感

中國有句古話：「不言之言。」還有句俗話：「雄辯是銀，沉默是金。」這都說明保持沉默也能達到說服的效果。美國前總統尼克森就是善於用「沉默」戰術贏得公眾支持的領導人。

一九六〇年美國總統的選舉，尼克森和甘迺迪是一對競爭激烈的對手。尼克森以其時任副總統之職，在開始時占絕對的優勢，但選舉的結果，甘迺迪扭轉了形勢，獲得勝利。

一九六八年，尼克森再次競選美國總統，他汲取上次失敗的教訓，想要徹底改變形象，他所採用的技巧之一就是沉默說服。

這次的選舉對尼克森來說，形勢遠比上次艱難，因為他首先必須打敗洛克菲勒等強勁的對手，取得共和黨的提名。尼克森在邁阿密的共和黨大會中，儘量保持沉默穩重，表現得對自己很有信心。他說話時，除了強調「法和秩序」以及「盡力達到完美境地」外，絕口不提其他具體的策略，希望能藉此完全的沉默戰略，給人以可信賴感，徹底改變他的「敗犬尼克森」的形象。結果，他的戰略成功了，他不僅獲得共和黨提名，而且在總統大選中大敗民主黨對手，榮登美國總統寶座。

沉默可以引起對方注意，使對方產生迫切想瞭解你的念頭。以下我們就來看一個利用沉默成功說服的例子。

一家著名的電機製造廠召開管理員會議，會議的主題是「關於人才培育的問題」。會議一開始，山崎董事就用他那特有的聲音提出自己的意見：「我們公司根本沒有發揮人才培訓的作用，整個培訓體系形同虛設，雖然現在有新進職員的職前訓練，但之後的在職進修卻成效不顯著。職員們只能靠自己的摸索來熟悉工作情況，很難與當今經濟發展的速度銜接，因而造成公司職員素質水準普通低下、效益不高。所以我建議應該成立一個讓職員進修的培訓機構，不知大家看法如何？」

「你所說的問題的確存在，但說到要成立一個專門負責培訓職員的機構，我們不是已經有這種機構了嗎？據我瞭解，它也發揮了一定的功用，我認為這一點可以不用擔心……」社長說。

「誠如社長所說，我們公司已經有組織，但它並沒有發揮實際作用。實際上，職員根本無法從中得到任何指導，只能跟著一些老職員學習那些已經過時的東西，這怎麼能夠使職員的業務水準迅速提升呢？而且我觀察到許多職員往往越做越沒有信心、越做越沒幹勁。所以，我認為它的功能不佳，所以還是堅持……」山崎不卑不亢地說。

「山崎，你一定要和我唱反調嗎？好，我們暫時不談這個話題，會議結束後，我們再做一番調查。」社長有些生氣。

就這樣，一個月後，公司主管們重新召開關於人才培訓的會議。這次社長首先發言。

「首先我要向山崎道歉，上次我錯怪他了，他的提案中所陳述的問題確實存在。這個月我對公司進行了抽樣調查，結果發現它竟然未能發揮應有的功效。因此，今天召集大家開會是想討論一下應該如何改變目前人才培育的方法，請大家儘量發表意見吧！」

社長的話一出口，大家就開始七嘴八舌地提出建議。令人奇怪的是，這一次山崎董事始終一語不發地坐在原位，安靜地聆聽著大家的意見，直到最後他都沒說一句話。

會議結束以後，社長把山崎董事叫進社長辦公室晤談。「今天你怎麼啦？為什麼一句話也不說？這個建議不是你上次開會時提出來的嗎？」

「沒錯，是我先提出來的。」山崎說，「不過上次開會我把該說的都說了，其實那無非是想引起社長你對這個問題的重視罷了。現在目的已經達到，我又何必再說一次呢？還不如多聽聽大家的建議。」

「是嗎？不錯，在此之前我反對過你的提議，你卻連一句辯解也沒有。今天大家提出的各種建議都顯得很空洞，沒有實際的意義，反倒是你的沉默讓我感到這個問題帶來的壓力。這樣吧，這件事就交給你去辦好了！今天起由你全權負責公司的人才培訓工作，請好好努力吧！」社長終於說了。

「是，謝謝您對我的信任，我一定會努力把這件事做好！」山崎說。

上面這個例子是個典型的沉默說服法成功的案例。如果你真能適時地利用沉默，有時發揮的作用可能反而比說話大得多。

心理學補給站

在人們的印象中，一般都認為說服應當憑藉好口才，用語言攻勢打敗對方，讓人信服，其實不然，偶爾採取沉默戰術，同樣可以達到說服的效果。

 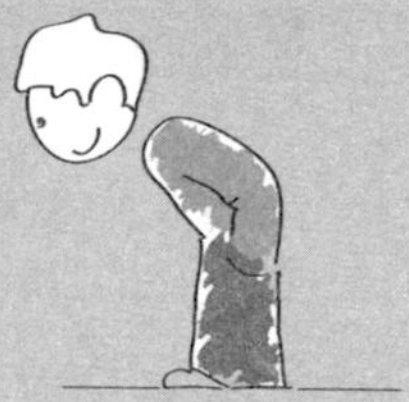

善解人意婉轉拒絕的婉言心理學

委婉地拒絕，給被拒絕的人留面子

自尊之心，人皆有之。因此在拒絕別人時，要顧及對方的尊嚴。人們一旦投入社交，無論他的地位、職務多高，成就多大，他們無一例外地都關心外界對自己的評價。由於來自外界評價的性質、強度和方式不同，人們會相應的做出不同反應，並對交際過程及其結果產生積極或消極的影響。

尊之則悅，不尊則哀。也就是說，當得到肯定的評價時，人們的自尊心理得到滿足，便會產生一種成功的情緒體驗，表現出歡愉樂觀和興奮激動的心情，進而「投桃報李」，對滿足自己自尊慾望的人產生好感和親近力，採取積極的合作態度，交際隨之向成功的方向發展。反之，當人們不受尊重、受到不公正的評價時，便會產生失落感、不滿和憤怒情緒，進而出現對抗姿態，使交際陷入危機。

顧及對方的尊嚴是拒絕別人時必不可少的注意事項，有這樣一個例子：

某校在評定職稱時，由於高級職稱的名額有限，一位年齡較大的教師未能評上。他聽說了這一消息後就向一位負責職稱評定的校長打聽情況。校長考慮到工作遲早要做，便和這位老教師促膝交談：

校長：「喲，老李，什麼風把你給吹來了。」

老師：「校長，我想知道這次評高職我有希望嗎？」

校長：「老李，先喝杯茶。我們慢慢聊，最近身體怎麼樣？」

老師：「身體還說得過去。」

校長：「老教師可是我們學校的寶貴財富，年輕教師還要靠你們幫忙帶呢！」

老師：「作為一名老教師，我會盡力的。可是這次評定職稱，你看我能否……」

校長：「不管這次評上評不上，我們都要依靠像你這樣的老教師。你經驗豐富，教學也比較得法，學生反應也挺好。我想，對於一名教師來說，這一點，比什麼都重要，你說呢？」

老師：「是啊！」

校長：「這次評職稱是第一次進行，歷史遺留的問題較多，可是僧多粥少，有些教師這次暫時還很難如願，要等到下一次。這只是個時間問題。相信大家一定能夠諒解。但不管怎樣，我們會尊重並公正地評價每一位教師，尤其是你們這些辛辛苦苦工作幾十年的老教師。」

老教師在告辭時，心裡感覺熱呼呼的，他知道自己這次評上高職的希望不大，但由於自身得到了別人的尊重，成績受到了別人的肯定，他能接受那樣的結果。用他對校長的話講：「只要能得到一個公正的評價，即使評不上我也不會有情緒的，請放心。」

這位校長可謂是顧及別人尊嚴的典範，如果開始他就給這位老教師潑一桶冷水，那麼後果就不堪設想了。

心理學補給站

在社交場合上，無論是舉止或是言語都應尊嚴他人，即使在拒絕別人的時候也要顧及對方的尊嚴。也只有這樣，才能贏得別人的尊重。

採拖延、淡化策略，拒絕他人不傷自尊

一般人都不太好意思拒絕別人，但在很多情況下，我們為了避免多餘的困擾，對一些不合理或不合自己心意的事有必要拒絕，但怎樣既不傷害對方自尊心又能達到拒絕的目的呢?當對方提出請求後，不必當場拒絕，你可以說：「讓我再考慮一下，明天答覆你。」這樣，既使你贏得了考慮如何答覆的時間，也會使對方認為你是很認真對待這個請求的。

某單位一名員工去找上級要求調換部門。上級心裡明白調不了，但他沒有馬上回答說「不可能」。而是說：「這個問題涉及好幾個人，我個人決定不了。我把你的要求帶上去，讓廠部討論一下，過幾天答覆你，好嗎?」

這樣回答可讓對方明白：調部門不是件簡單的事，存在著兩種可能，使對方內心有所準備，這比當場回絕效果要好得多。

一家汽車公司的銷售主管在跟一個大買主談生意時，這位買主突然要求看該汽車公司的成本分析資料，但這些資料是公司的機密資料，是不能給外人看的。可是如果不給這位大買主看，勢必會影響兩家和氣，甚至會失掉這位大買主。這位銷售主管並沒有說「不，這不可能」之類的話，但他的話中婉轉地說出了「不」。「這個……好吧，下次有機會我給你帶來吧。」知趣的買主聽過後便不會再來糾纏他了。

某位作家接到老朋友打來的電話，邀請他到某大學演講，作家如此答覆：「我非常高興你能想到我，我將查看一下我的排程，我會回電話給你的。」

這樣，即使作家表示不能到場的話，他也就有了充裕時間去化解某些可能的內疚感，並使對方輕鬆、自在地接受。

景濤夫妻倆離職後，自謀職業，利用政府的優惠貸款開了一家日用品商店，兩人努力把這個商店經營得很好，收入頗豐，生活自然有了起色。

景濤的舅舅是個遊手好閒的賭棍，經常把錢扔在了麻將檯子上，這段時間，手氣不好又輸了，他不服氣，還想扳回本錢，又苦於沒錢了，就把腦筋動到了外甥的店鋪，打定了主意。

一日，這位舅舅來到了店裡對景濤說：「我最近想買輛摩托車，但是目前還缺一萬塊錢，所以想在你這借點兒周轉，過段時間就會還。」——他也知道用模糊語言。

景濤瞭解舅舅的嗜好，借錢給他，無疑是肉包子打狗。何況店裡用錢也緊，就敷衍著說：「好！再過一段時間，等我有錢把銀行到期的貸款支付了就給你，銀行的錢可是拖不起的。」這位舅舅聽外甥這麼說，沒有辦法，知趣地走了。

景濤不說不借，也不說馬上就借，而是說過一段時間，等支付銀行貸款後再借。這話含多層意思：一是目前沒有，現在不能借；二是我也不富有；三是過一段時間不是確指，到時借不借再說。舅舅聽後已經很明白了，但他並不心生怨恨，因為景濤並沒有說不借給他，只是過一段時間再說而已，給了他希望。

心理學補給站

處理事情時，巧妙地一帶而過比正面拒絕有效，且不傷和氣。

先承後轉式拒絕，讓對方接受拒絕

景富和奕達是大學同學，景富這幾年做生意雖說賺了些錢，但也有不少的外債。兩人畢業後一直沒有來往，一天，奕達突然向景富提出借錢的請求，景富很為難，借吧，怕擔風險；不借吧，同學一場，又不好開口。思忖再三，最後景富說：「你在困難時找到我，是信任我、瞧得起我，但不巧的是我剛剛買了房子，手頭一時沒有積蓄，你先等幾天，等我過幾天帳結回來，一定借給你。」

有的時候對方可能會很急於事成而相求，但是你確實又沒有時間，沒有辦法幫助他的時候，一定要考慮到對方的實際情況和他當時的心情，一定要避免使對方惱羞成怒，以免造成誤會。

拒絕還可以從感情上先表示同情，然後再表明無能為力。

曉靜在航空公司擔任售票工作，由於假期的關係，搭飛機的旅客與日俱增，曉靜時常要拒絕很多旅客的訂票要求，曉靜每每總是帶著非常同情的心情對旅客說：「我知道你們非常需要搭機，從感情上說我也十分願意為你們效勞，使你們如願以償，但票已訂完了，實在無能為力。歡迎你們下次再來搭乘我們的飛機。」曉靜的一番話，叫旅客再也提不出意見來。

一般情況來說，你還可以採用下面一些話來表達你的意見，「這真的是一個好主意，只可惜由於……我們不能馬上採用它，等情況好了再說吧！」「這個主意太好了，但是如果只從眼下的這些條件來看，我們必須要放棄它，我想我們以後肯定是能夠用到它的。」「我知道你是一個體諒朋友的人，你如果對我不十分信任，認為我沒有能力做好這件事，那麼你是不會找我的，但是我實在忙不過來了，下次如果有什麼事情我一定會盡我的全力來支持你。」……

先揚後抑這種方法也可以說成是一種「先承後轉」的方法，這也是一種力求避免正面表述，而採用間接拒絕他人的方法。先用肯定的口氣去讚賞別人的一些想法和要求，然後再來表達你需要拒絕的原因，這樣你就不會直接地去傷害對方的感情和積極性了，而且還能夠使對方更容易接受你，同時也為自己留下一條退路。

心理學補給站

日常中，我們經常會遇到這樣的情況，對方提出的要求並不是不合理，但因條件的限制無法予以滿足。在這種情況下，拒絕的言辭可採用「先承後轉」的形式，使其精神上得到一些寬慰，以減少因遭拒絕而產生的不愉快。

帶著友善表情說拒絕不傷和氣

當遇到別人不合理的請求時，你千萬不要因為不能說「不」而輕易地答應任何事情，而應該視自己能力所及的範圍，盡可能不要明明做不到，卻不說，結果既造成了對方的困擾，又失去了別人對你的信任。

業務員的銷售技巧裡有這麼一招：從一開始就讓顧客回答「是」，在回答幾個肯定的問題之後，你再提出購買要求就比較容易成功。同理，當你一開始對自己說：「我做不到」，或「我不行」的時候，自己就陷入了否定自我的危機，然後就會因拒絕任何的挑戰而失去信心。

當然，我們必須努力去做一個絕不說「不」的人。

三十歲出頭就當上了福克斯電影公司董事長的雪麗，是好萊塢第一位主持一家大製片公司的女士。為什麼她有如此能耐呢？主要原因是，她言出必踐，辦事果斷，經常是在握手言談之間就拍板定案了。

好萊塢經理人歐文．保羅談到雪麗時，認為與她一起工作過的人，都非常地敬佩她。歐文表示，每當她請雪麗看一個電影腳本時，她總是馬上就看，很快就給答覆。不過好萊塢有很多人，給他看個腳本就不是這樣了，若是他不喜歡的話，根本就不回話，而讓你傻等。

通常一般人十之八九都是以沉默來回答，但是雪麗看了給她送去的腳本，都會有一個明確的回答，即使是她說「不」的時候，也還是把你當成朋友來對待。這麼多年以來，好萊塢作家最喜歡的人就是她。

拒絕別人不是一件什麼罪大惡極的事情，也不要把說「不」當成是要與人決裂。是否把「不」說出口，應該是在衡量了自己的能力之後，做出的明確的回應。雖然說「不」難免會讓對方生氣，但與其答應了對方卻做不到，還不如表明自己拒絕的原因，相信對方也會體諒你的立場。

不過，當你拒絕對方的請求時，切記不要咬牙切齒、繃著一張臉，而應該帶著友善的表情來說「不」，才不會傷了彼此的和氣。除了對別人該說「不」時就說「不」，同時對自己也要勇敢地說「不」。

美國電話及電報公司的創辦者塞奧德．維爾，他經歷過無數次失敗之後，才學會了說「不」。

年輕時的他，無論做什麼事都缺乏計劃，一事無成地虛晃日子，連他的父母也對他感到失望，而他自己也陷入了絕望之中。

二十歲那年，他離家獨自謀生時，給自己寫了一封信：「夜晚遲遲不睡，而撞球或者喝酒，這些事是年輕人不該做的，所以我決定戒除。但是對這決定我應該說什麼呢？是不是還照舊說『只這一次，下不為例呢？』還是『從此絕不』了呢？以前已經反覆過好幾次了。」

維爾最大的野心是買皮毛衣及瑪瑙戒指，雖然在當時不能說是太大的奢望，但對他來說是很難買的。於是他無時不克制自己，以求事事三思而後行。這種堅決的克制態度，使得他由沒沒無聞的員工調升到鐵路公司的總經理。

他向別人說「不」的同時，也要向自己說「不」，尤其是創立電話電報這樣巨大組織的時候，他時時刻刻地說「不」。正因為這樣，他才能避免因一時衝動的手段而誤了大事。

心理學補給站

說「不」沒什麼開不了口的，只要站得住立場和對自己有益的，就請勇敢地向別人和自己說「不」吧。

讓對方笑嘻嘻地接受你的拒絕

對於他人的話，人們總是會表現出情感反應。如果先說讓人高興的話，即使馬上接著說些使人生氣的話，對方也能以欣然的表情繼續聽。利用這種方法，可以拒絕不受喜歡的對象。

有一個樂師，被熟人邀請到某夜總會樂隊工作。樂師嫌薪水低，打算立即拒絕，但想起以往受過對方照顧，他不便斷然拒絕。他心生一計，先說些笑話，然後一本正經地說：「如果能使夜總會生意興隆，即使奉獻生命，在下也在所不辭。」

此時夜總會老闆自然還是一副笑臉，樂師抓住機會立刻板起面孔說：「你覺得什麼地方好笑？我知道你笑我。你看扁我，不尊重我，這次協議不用再提，再見！」

這樣，樂師假裝生氣，轉身便走。老闆卻不知該如何待他，雖生悔意，但為時已晚。因此，面對不喜歡的對象，要出其不意地敲他一下，以便拒絕對方。若缺乏機會，不妨參照上例，製造機會，先使對方興高采烈，然後趁對方缺乏心理準備，臉上仍在笑嘻嘻時，找到藉口及時退出，達到拒絕的目的。

一位名叫金六郎的青年去拜訪本田宗一郎，想將一塊地產賣給他。

本田宗一郎很認真地聽著金六郎的講話，只是暫時沒有發言。

本田宗一郎聽完金六郎的陳述後，並沒有做出「買」或者「不買」的直接回答，而是在桌子上拿起一些類似纖維的東西給金六郎看，並說：「你知道這是什麼東西嗎？」

「不知道。」金六郎回答。

「這是一種新發現的材料，我想用它來做本田宗一郎汽車的外殼。」本田宗一郎詳詳細細地向金六郎講述了一遍。

本田宗一郎共講了十五分鐘之多。談論了這種新型汽車製造材料的來歷和好處，又誠誠懇懇地講了他明年擬採取何種新的計劃。這些內容使得金六郎摸不著頭腦，但感到十分愉快。在本田宗一郎送走金六郎時，才順便說了一句，他不想買他的那塊地。

如果本田宗一郎一開始就將自己的想法告訴金六郎，金六郎一定會問個究竟，並想方設法勸說本田宗一郎，讓他買下這塊地。本田宗一郎不直接言明的理由正是如此，他不想與金六郎為此爭辯什麼。

拒絕對方的提議時，必須採用毫不觸及話題具體內容的抽象說法。

日本成功學大師多湖輝說的這個故事發生在二十世紀六零年代末的學生運動中。某大學的教室裡正在上課時，一群學生運動積極分子闖了進來，使上課的教授手足無措。當著班上學生的面，教授想顯示一點寬容和善解人意的風度，就決定先聽一下學生講些什麼之後再去說服他們。

結果與他的善良想法完全相反，學生們乘勢向他提出許許多多的問題，把課堂攪得一團糟，再也上不成課了。並且這之後只要他上課就有激進派的學生出現在課堂上，就這樣毫無寧日地持續了一年。

從這一教訓中，教授悟到一條法則，即若無意接受對方，最好別想去說服他，對方一開口就應該阻止他：「你們這是妨礙教學，趕快從教室裡出去，與課堂無關的事，讓我們課後再說！」

假如再發生一次同樣的事，教授能否應付？就算他顯示出了拒絕的態度，學生也會毫不理會地攻擊他吧！如果一點也不去聽學生的質問，一開始就踩住話頭，至少不會給對方以可乘之機，也不致弄得一年時間都上不好課！

心理學補給站

拒絕之前先說點與拒絕無關的話，這種欲抑先揚的方式，可以給人心裡一個緩衝和鋪墊，不至於讓拒絕進行得很直接、僵硬。

逐客講藝術，客人自退出

運用高超的語言技巧，把「逐客令」說得美妙動聽，做到兩全其美；既不挫傷好話者的自尊心，又使其變得知趣。

有朋來訪，促膝長談，交流思想，增進友情是生活中的一大樂事，也是人生道路上的一大益事。宋朝著名詞人張孝祥在跟友人夜談後，忍不住發出了「誰知對床語，勝讀十年書」的感歎。然而，現實中也會有與此截然相反的情形。下班後吃過飯，你希望靜下心來讀點書或做點事，那些不請自來的「好聊」分子又要擾得你心煩意亂了。他嘮嘮叨叨，沒完沒了，一再重複你毫無興趣的話題，還越說越來勁。你勉強敷衍，焦急萬分，極想對其下逐客令但又怕傷了感情，故而難以啟齒。

那要怎樣對付這種說起來沒完沒了的常客呢？要將「逐客令」下得有人情味，可以參考以下方法：

一、以婉代直

用婉言柔語來提醒、暗示滔滔不絕的客人：主人並沒有多餘的時間跟他閒聊胡扯。與冷酷無情的逐客令相比，這種方法容易被對方接受。

二、以寫代說

有些人，對婉轉的逐客令可能會意識不到。對這種人，可以用張貼字樣的方法代替語言，讓人一看就明白。

有一位科學家，在自家客廳裡的牆上貼上了「閒談不得超過三分鐘」的字樣，以提醒來客：主人正在爭分奪秒做研究，請閒聊者自重。看到這張字樣，純屬「閒談」的人，誰還會好意思喋喋不休地說下去呢？

在這裡，因為字樣是寫給所有來客看的，並非針對某一位，所以不會令某位來客有多少難堪。

三、以熱代冷

用熱情的語言、周到的招待代替冷若冰霜的表情，使好閒聊者在「非常熱情」的主人面前感到今後不好意思多登門。愛閒聊者一到，你就笑臉相迎，沏好香茗一杯，捧出瓜子、糖果、水果，很有可能把他嚇得下次不敢貿然再來。你要用接待貴賓的高規格，他一般也不敢老是以「貴客」自居。

過分熱情的實質無異於冷待，這就是生活辯證法。但以熱代冷，既不失禮貌，又能達到「逐客」的目的，效果之佳，不言自明。

四、以攻代守

用主動出擊的姿態堵住好閒聊者登門來訪之路。先瞭解對方一般每天幾點到你家，然後你不妨在他來訪前的一刻鐘先「殺」上他家門去。於是，你由主人變成了客人，他則由客人變成了主人。你因而掌握交談時間的主動權，想何時回家，都由你自己安排了。你殺上門去的次數一多，他就會讓你給黏在自己家裡，原先每晚必上你家的習慣很快會改變。一段時間後，他很可能不再「重蹈覆轍」。以攻代守，先發制人，是一種特殊形式的逐客令。

五、以疏代堵

閒聊者用無聊的嚼舌消磨時間，原因是他們既無大志又無高雅的興趣愛好。如果改用疏導之法，使他有計劃要完成，有感興趣的事可做，他就無暇光顧你家了。顯然，以疏代堵能從根本上解除閒聊者上門干擾之苦。一旦有了興趣愛好，你請他來做客也不一定能請到呢！

心理學補給站

如果你常常「捨命陪君子」，就將一事無成，因為你最寶貴的時間，正在白白地被別人佔有著。

用對方的話來拒絕他

拒絕不一定非要表明自己的意思，許多時候，利用對方的話來拒絕他，是更聰明的選擇。只要合理地從對方的話語裡引出一個合乎邏輯的相同問題，讓對方「啞巴吃黃連——有苦說不出」。

小李從觀光局一個朋友那裡借了一台照相機，他一邊走一邊擺弄著，這時剛好小趙迎面走來了。他也知道小趙有個毛病：見了熟人有好玩的東西，非得借去玩幾天不可。這次，看見了他手中的照相機又非借不可了。

儘管小李百般說明情況，小趙依然不肯放過。小李靈機一動，故作姿態地說：「好吧，我可以借給你，不過我要你不要借給別人，你做得到嗎？」小趙一聽，正合自己的意思。他連忙說：「當然，當然。我一定做到的。」「絕不失信。」小李還追加一句說，「絕不失信，失信還能叫做人？」小李斬釘截鐵地說：「我也不能失信，因為我也答應過別人，這個照相機絕不外借。」聽到這，小趙也目瞪口呆了，這件事也只有這樣算了。

有一大部分人會產生這樣的想法，難道我們在現實生活中都非要拒絕別人不可嗎？我們在拒絕他人時都要採用這些委婉的方法嗎？其實這個問題問得恰到好處。

在現實生活中，關於拒絕他人，我們還要注意以下問題：

第一，在日常生活中，我們就應該真誠地對待朋友和同學，積極地幫助他們。每個人都應該明白一個簡單的道理「平時幫人，拒人才不難」，這種方法主要應用於那些的確違背我們意願的事情。

第二，如果是由於自己能力或客觀原因，我們應該坦誠相對，說明自己的實際情況，同時，要積極幫對方想辦法。

第三，對於某些情況，直接說「不」的效果更好，特別是對於那些違法亂紀的事情，應持堅決的態度來拒絕。對於那些可能引起誤解的事情，也應該明確自己的態度，否則會「當斷不斷，反受其亂」。此外，由於拒絕不明可能會影響對方，也影響事情發展方向，也應該直截了當地拒絕它。

心理學補給站

即使我們掌握了一些比較好的方法，在一般的拒絕中，我們也應該語氣委婉，最好還能面帶微笑，這樣既達到自己拒絕他人的目的，又消除由於拒絕給對方帶來的不快。

貶低自己，裝瘋賣傻將其拒絕

用自我貶低的方法或者在玩笑的氛圍中拒絕他人，不僅維護了別人的面子，也使自己全身而退。在貶低自己拒絕他人的策略中，「裝瘋賣傻法」是一種特殊形式，即「表示自己無能為力，不願做不想做的事」。也就是說：「我辦不到！所以不想做！」

根據心理學的調查發現，人們的確有在日常生活中故意裝傻的現象。例如在上班族中，有百分之二十的人曾對上司裝過傻，而百分之十四的人對同事裝過傻。雖然它跟「楚楚可憐法」一樣，會導致評價降低，但令人驚訝的是，仍有一成以上的人是在自己有意識的情況下用了這個辦法。

上班族會用到「裝瘋賣傻法」的場合有以下三種：

第一，不願做不想做的事。例如像是打雜般的工作、很花時間的工作，或單調的工作等。

第二，拒絕他人的請求。當別人找上你，希望你能幫他的忙時，你很難直接說「不」吧！因此便以「我很想幫你，可是我自己也沒有那個能力」的態度來婉轉拒絕。拒絕別人這種事，很難直接以「我不願意」這種態度來拒絕，而且還可能會讓對方懷恨在心。因此，若是用能力，也就是自己無法控制的原因來拒絕（想幫你，可是幫不了）的話，拒絕起來便容易多了。

第三，想降低自己的期望值。一個人若能得到他人的高度期待，固然值得高興，但壓力也會隨之而來。因為萬一失敗，受到高度期待的人，所帶給其他人的衝擊性會更大。因此，借由表現出自己的無能，來降低期望值，萬一將來失敗，自己的評價也不會下降得太多；相反的，如果成功，反而會得到預期之外的肯定。

「裝瘋賣傻法」有以下兩種實行技巧。

一、表明自己無能為力

就像前面所說，這招便是表明「我沒有能力做那件事，因此我不願意做」的一種方法。根據工作的內容，「無能」的內容也有所不同。例如：

（別人要求你處理電腦文書資料時）

「我打字很慢，光一頁我就要打很久，而且說不定還會漏字！

（別人要求你做帳簿時）

「我最怕計算了，看到數字我就頭痛！」用於與自己平日業務無關的業務上。

不過，所表明的「無能」理由不具真實性，那可就行不通。例如剛才電腦處理的例子，如果是在電腦公司，說這種話誰信？後面那個例子，如果發生在銀行，也絕對會顯得很突兀。平常愈少接觸到的工作，說這種話時，所獲得的可信度也就愈大。所以要說「我沒做過」、「我做得不好」這些話的時候，這些話一定要具有可信度才行。

二、將矛頭指向他人

這招是接著「表示無能」的用法之後，以「我辦不到，你去拜託某某比較好」的說法，來將矛頭指向他人的做法。這個辦法有一個問題就是，可能會招致那個被你「轉嫁」的人怨恨。想拜託人的人一定會說：「是某某說請你幫忙比較好！」對方也就會知道是你幹的好事。這麼一來，那個人心裡一定會想：「可惡的傢伙，竟然把討厭的事推給我！」

心理學補給站

當需要幫忙的工作內容，是人人都不想做的事情的時候，這種惹來怨恨的可能性就愈高。所以，最好在多數人都知道「某某事情是某某最擅長的」這樣的場合才用此招。

借他人之口提出拒絕

在拒絕他人的諸多妙法中，有一種比較藝術的方法就是推諉法。所謂推諉法，就是以別人的身分表示拒絕。這種方法看似推卸責任，卻很容易被人理解：既然愛莫能助，也就不便勉強。

有個愛好集郵的女孩子，她的幾個好朋友也是集郵迷。一天，有個小朋友向她提出要換郵票，她不同意換，但又怕小朋友不高興，便對小朋友說：「我也非常喜歡你的郵票，但我媽不同意我換。」其實她媽媽從沒干涉過她換郵票的事，她只不過是以此為藉口，但小朋友聽她這樣一說，也就作罷了。

有時為了拒絕別人，可以含糊其辭地推託：「對不起，這件事情我實在不能決定，我必須去問問我的父母。」或者是：「讓我和孩子商量商量，決定了再答覆你吧。」

這是拒絕的好辦法，假裝請出一個「後台老闆」，表示能起作用的不是本人，既不傷害朋友的感情，又可以使朋友體諒你的難處。

人處在一個大的社會背景中，互相制約的因素很多，為什麼不選擇一個盾牌來擋一擋呢？如：有人求你辦事，假如你是領導成員之一，你可以說，我們單位是集體領導，像剛才的事，需要大家討論才能決定。不過，這件事恐怕很難通過，最好還是別抱什麼希望，如果你實在要堅持的話，待大家討論後再說，我個人說了不算數。這就是推託其辭，把矛盾引向了另外的地方，意思是我不是不幫你辦，而是我決定不了。請託者聽到這樣的話，一般都要打退堂鼓。

一個年輕的物資銷售員經常與客戶在酒桌上打交道，長此以往，他覺得自己的身體每況愈下，已不能再像以前那樣喝太多的酒了。可是應酬中又是免不了要喝酒的，怎麼辦呢？後來他想到一個妙計。每當客戶勸他多喝點的時候，他便詼諧地說：「諸位仁兄還不知道吧，我家裡那位可是一個母老虎，我這麼酒氣熏天地回去，萬一她河東獅吼起來，我還得跪算盤啊！」

他這麼一說，客戶覺得他既誠懇又可愛，自然就不再多勸了。

心理學補給站

如果難以開口的話，不妨採取這裡所講的方法，找一個人「替」你說「不」，這樣所有的責任都可以推得一乾二淨，別人也不會對你有所抱怨。

巧妙繞圈子，輕鬆說拒絕

斷然拒絕別人可以顯得一個人不拖泥帶水，但對遭到拒絕的人來說，卻是很不夠義氣的。聰明人這時會繞個圈子，不直接說出拒絕的話，而讓對方明白意思。

一七九九年，年輕的拿破崙在義大利戰場取得全勝凱旋。從此，他在巴黎社交界身價倍增。也成為眾多貴婦追逐青睞的對象。

然而，拿破崙對此卻並不熱衷。可是，總有一些人硬是緊追不放，糾纏不休。當時的才女、文學家斯達爾夫人，幾個月一直在給拿破崙寫信，想結識這位風雲人物。

在一次舞會上，斯達爾夫人頭上纏著寬大的包頭布，手上拿著桂枝，穿過人群，迎著拿破崙走來。拿破崙躲避不及。於是，斯達爾夫人把一束桂技送給拿破崙，拿破崙說道：「應該把桂枝留給繆斯。」

然而，斯達爾夫人認為這只是一句俏皮話，並不感到尷尬。她繼續有話沒話地與拿破崙糾纏，拿破崙出於禮貌也不好生硬地中斷談話。

「將軍，您最喜歡的女人是誰呢？」

「是我的妻子。」

「這太簡單了，您最器重的女人是誰呢？」

「是最會料理家務的女人。」

「這我想到了，那麼，您認為誰是女中豪傑呢？」

「是孩子生得最多的女人，夫人。」

他們這樣一問一答，拿破崙也達到了拒絕的目的。斯達爾夫人也知道了拿破崙並不喜歡自己，於是作罷。

小王畢業以後分到一個小地方打雜，剛開始很失意，成天和一幫哥兒們喝酒、打牌。後來逐漸醒悟過來，開始報名參加各級考試。

有一天晚上，他正在埋頭苦讀，突然一個電話打過來叫他去某哥兒們家集合，一問才知道他們「三缺一」。小王不好意思講大道理來拒絕他們的要求，也不想再像以前沒日沒夜地玩了，便回答說：「哎呀，哥兒們，我的手氣你們還不清楚啊，你們存心讓我『進貢』嘛，我這個月的工資都快見底了，這樣吧，一個小時，就打一個小時，你們答應我就去，不答應就算了。」一陣哄笑後，對方也不好食言，後來他們都知道小王已經另有他事，也就不再打擾了。

還有一個案例：

一九七二年五月二十七日凌晨一點，美蘇關於限制戰略武器的四個協定剛剛簽署，季辛吉就在莫斯科一家旅館裡向隨行的美國記者團介紹情況，當他說到「蘇聯每年生產的導彈大約兩百五十枚」時，一位記者問：「我們的情況呢？我們有多少潛艇導彈在配置分導式多彈頭？有多少『民兵』導彈在配置分導式多彈頭？」

季辛吉回答說：「我不太肯定正在配置分導式多彈頭的『民兵』導彈有多少。至於潛艇，我的苦處是數目我是知道的，但我不知道是不是保密的。」

一個記者連忙說：「不是保密的。」

季辛吉反問道：「不是保密的嗎？那你說是多少呢？」記者們都傻眼了，只好嘿嘿一笑了之。

心理學補給站

繞著圈子拒絕別人，是討人喜歡的一種說話方式。但繞圈子必須做到不討人厭，也就是說必須巧妙，三言兩語能夠把拒絕的意見表達出來。如果繞了半天，對方還是一頭霧水，那就弄巧成拙了。

禮貌說拒絕，親密總無間

在面對親密之人的無理請求時，拒絕要講求一定的策略，同時要不失禮節，這樣才能維護彼此之間的感情而不會產生隔閡。

與人相處，人們經常會遇到老周這樣的情況，即面對愛人、親人、好友等親密之人的請求，比如借錢，幫忙做某事，等等。許多時候，我們並不願意答應這些請求，卻又不好意思說「不」，就會使自己陷入十分為難的境地。如果違心地答應下來，是為自己添煩惱；如果假裝答應卻不做，又失信於人。

一般來說，盡可能地幫助自己的親密之人，這是人之常情。但是，面對親密之人的不當要求，我們一定要堅持自己的原則。特別是當他們的要求有違國家法律法規、有違社會公共道德或有違家庭倫理時，我們更應堅守自己的原則立場，毫不留情地予以拒絕，還應說明對方改變那些錯誤思想和行為。

拒絕親密之人的不當要求是一門學問，是一項應變的藝術。要想在拒絕時既消除了自己的尷尬，又不讓對方無台階可下，這就需要掌握一些巧妙的拒絕方法，比如：

一、巧用反彈

別人以什麼樣的理由向你提出要求，你就用什麼樣的理由拒絕，這就是巧用反彈的方法。

二、敷衍拒絕

敷衍式的拒絕是最常用的一種拒絕方法，敷衍是在不便明言回絕的情況下，含糊回絕請託人。拒絕親密之人的不當要求也可採用這一方法。運用這種方法時，也需對方有比較強的領悟能力，否則難以見效。具體採用這種方法時，我們可以運用推託其辭、答非所問、含糊拒絕等具體方式。

三、巧妙轉移

面對別人的要求，你不好正面拒絕時，可以採取迂迴的戰術，轉移話題也好，另有理由也好，主要是善於利用語氣的轉折——絕不會答應，但也不致撕破臉。比如，先向對方表示同情，或給予讚美，然後再提出理由，加以拒絕。由於先前對方在心理上已因為你的同情而對你產生好感，所以對於你的拒絕也能以「可以諒解」的態度接受。

總之，面對親密之人提出的不當要求時，切忌直接拒絕。儘量使用間接拒絕的方法。從對方的立場出發，闡明自己的觀點，就會使對方自然而然地接受了。

此外，拒絕別人時，也要有禮貌。任何人都不願被拒絕，因為被別人拒絕，會使人感到失望和痛苦。當對方向自己提出不合理要求時，你可能感到氣憤，甚至根本無法忍受，但你也要沉住氣，畢竟出席宴會的還有其他人，你千萬不可大發雷霆、出言不遜、惡語傷人。

心理學補給站

在拒絕對方時，更要表現出你的歉意，多給對方以安慰，多說幾個「對不起」、「請原諒」、「不好意思」、「您別生氣」之類的話。由於你的態度十分有禮貌，即使對方想無理取鬧，也說不出什麼，這樣別人也會覺得你是一個彬彬有禮的人而願意與你親近。

謝謝您購買 與人交陪、收放自如的人際關係心理學 這本書！

即日起，詳細填寫本卡各欄，對折免貼郵票寄回，我們每月將抽出一百名回函讀者寄出精美禮物，並享有生日當月購書優惠！

想知道更多更即時的消息，歡迎加入"永續圖書粉絲團"

您也可以利用以下傳真或是掃描圖檔寄回本公司信箱，謝謝。

傳真電話：（02）8647-3660　　信箱：yungjiuh@ms45.hinet.net

☺ 姓名：　　□男　□女　　□單身　□已婚

☺ 生日：　　□非會員　　□已是會員

☺ E-Mail：　　電話：（　）

☺ 地址：

☺ 學歷：□高中及以下　□專科或大學　□研究所以上　□其他

☺ 職業：□學生　□資訊　□製造　□行銷　□服務　□金融

□傳播　□公教　□軍警　□自由　□家管　□其他

☺ 您購買此書的原因：□書名　□作者　□內容　□封面　□其他

☺ 您購買此書地點：　　金額：

☺ 建議改進：□內容　□封面　□版面設計　□其他

您的建議：

剪下後傳真、掃描或寄回至「22103新北市汐止區大同路三段194號9樓之1大拓文化收」

廣　告　回　信
基隆郵局登記證
基隆廣字第 57 號

新北市汐止區大同路三段一九四號九樓之一

大拓文化事業有限公司收

請沿此虛線對折免貼郵票，以膠帶黏貼後寄回，謝謝！